高校辅导员职业能力培养研究

费萍◎著

教育部2015年『全国高校思想政治理论课教学科研团队择优支持计划』《整合思想政治理论课教师和辅导员队伍研究》阶段性成果

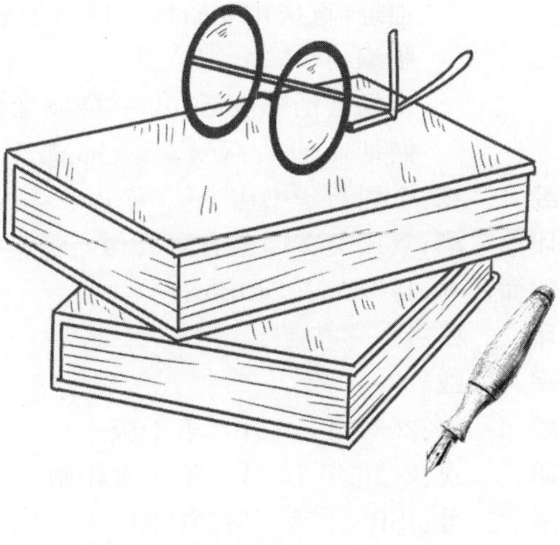

西南师范大学出版社
国家一级出版社 全国百佳图书出版单位

图书在版编目(CIP)数据

高校辅导员职业能力培养研究 / 费萍著. — 重庆 :
西南师范大学出版社，2019.12
ISBN 978-7-5621-9994-6

Ⅰ. ①高… Ⅱ. ①费… Ⅲ. ①高等学校－辅导员－工作－研究 Ⅳ. ①G645.1

中国版本图书馆 CIP 数据核字(2020)第 009915 号

高校辅导员职业能力培养研究

GAOXIAO FUDAOYUAN ZHIYE NENGLI
PEIYANG YANJIU

费　萍　著

责任编辑:赖晓玥　杨光明
书籍设计:尚品视觉 CASTALY 周　娟　何欢欢
排　　版:瞿　勤
出版发行:西南师范大学出版社
　　地址:重庆市北碚区天生路 1 号
　　邮编:400715
　　市场营销部电话:023-68868624
　　网址:http://www.xscbs.com
经　　销:全国新华书店
印　　刷:重庆荟文印务有限公司
幅面尺寸:170mm×240mm
印　　张:12
字　　数:270 千字
版　　次:2020 年 10 月　第 1 版
印　　次:2020 年 10 月　第 1 次印刷
书　　号:ISBN 978-7-5621-9994-6

定　　价: 48.00 元

序

即将出版的《高校辅导员职业能力培养研究》一书是重庆理工大学教师费萍在她的博士学位论文基础上，结合全国高校思想政治理论课教学科研团队择优支持计划“整合思想政治理论课教师和辅导员队伍研究”的项目研究，丰富深化形成的学术专著。费萍同志长期从事大学生思想政治教育工作，有着丰富的实践经验。其本科、硕士到博士的思想政治教育专业学习，为她深入开展研究奠定了坚实的理论基础。

《高校辅导员职业能力培养研究》一书具有以下特点：第一，明确的导向性。新时代，落实立德树人的根本任务，就是要培养能够担当民族复兴大任的时代新人。高校辅导员是培养时代新人的重要力量。本书站在铸魂育人的战略高度，立足《高等学校辅导员职业能力标准》(暂行)和《普通高等学校辅导员队伍建设规定》，从理论上为打造一支素质优良的大学生思想政治教育队伍助力，强调培养时代新人必须有强有力的组织保障。第二，较强的系统性。高校辅导员职业能力培养是一项系统工程。理论研究须立足系统性，着力推进系统化。本书以马克思主义为指导，将高校辅导员职业能力培养视为一个完整系统，借鉴多学科知识，运用多种研究方法，循着理论与实践、历史与现实、本土与外来的研究思路揭示高校辅导员职业能力培养的总体图景与愿景，着力强调理论研究和职业能力培养的系统化。第三，突出的开放性。从培养德智体美劳全面发展的社会主义建设者和接班人的需要出发，将学习借鉴其他国家的成功经验纳入研究视野，主张在相互交流、彼此借鉴、融合互通中深化对普遍规律的认识。本书坚持马克思主义立场，坚持中国特色社会主义道路自信的原则，将国外高校学生事务管理者职业能力培养发展历程与我国高校辅导员职业能力培养历程进行了横向比较，力图在比较中提炼共性特征，从而揭示一般规律，在遵循规律的基础上批判借鉴他国经验。第四,较强的针对性。增强针对性和实效性是修补高校辅导员职业能力培养短板的着力点。本书具有较强的问题意识,以发现问题、分析原因、寻求对策为指向,通过问卷调查、专题座谈、个别访谈、典型案例分析等方法调查了解高校辅导员职业能力培养的现实状况,力求在准确把握现实问题的基础之上精准施策。

加强和改进大学生思想政治教育,全面提高高校辅导员职业能力水平是关键。党和国家历来重视高校辅导员队伍建设,紧密围绕“建设什么样的高校辅导员队伍,如何建设高校辅导员队伍”做出了一系列重大部署、出台了相关政策、采取了有力举措。近年来,大学生思想政治教育之所以不断加强和改进,并取得积极成效,一个重要原因就在于我们培养造就了一支思想政治过硬、职业能力强、育人水平高的高校辅导员队伍。可见,研究高校辅导员职业能力培养,既是大学生思想政治教育理论研究与实践探索的重要内容,也是一名思想政治教育工作者的责任与担当。

希望本书秉承的改革创新精神,聚焦并系统探究高校辅导员职业能力培养的理论与实践,以及在理论上建构的高校辅导员职业能力培养体系,能够对高校思想政治工作质量提升和大学生思想政治教育骨干力量建设起到有效的推动作用,并为后续相关研究提供有益参考和借鉴。实践探索无止境,理论提升无穷期。当前,中国特色社会主义进入新时代,面对形势新变化、社会新发展、改革开放和社会主义现代化建设的新实践,以及大学生思想动态和发展期待的新特征,高校辅导员职业能力培养研究必须与时俱进。希望费萍同志和有志于大学生思想政治教育的同志们,以习近平新时代中国特色社会主义思想为指导,深入研究新情况、新问题,不断探索新方法、新途径,为不断加强和改进高校包括辅导员队伍在内的思想政治工作队伍建设,为完成立德树人根本任务而不懈奋斗。

邓卓明

2019 年 4 月

MULU 目录

第一章　导　论

高校辅导员是高校学生日常思想政治教育和管理工作的组织者、实施者、指导者，是开展大学生思想政治教育的骨干力量。建设一支专职为主、专兼结合、数量充足、素质优良的高校辅导员队伍，是加强和改进大学生思想政治教育的关键。建强高校辅导员队伍，必须牢牢抓住全面提高人才培养能力这个核心点①。自高校辅导员制度建立尤其是2006年《普通高等学校辅导员队伍建设规定》颁布以来，学界对高校辅导员职业能力培养展开了积极研究，取得了初步成效。但现有研究成果在系统性、针对性和实效性上亟待加强。贯彻落实全国高校思想政治工作会议精神和中共中央、国务院印发的《关于加强和改进新形势下高校思想政治工作的意见》，切实推动高校辅导员队伍专业化、职业化发展，需要我们系统研究高校辅导员职业能力培养，努力打造一支能力过硬的高校辅导员队伍，为时代新人的培育提供源源不断的主体支撑。

一、研究的意义

（一）研究的理论意义

研究高校辅导员职业能力培养，对解读和拓展《高等学校辅导员职业能力标准（暂行）》、丰富高校辅导员职业能力培养理论、完善大学生思想政治教育学科理论体系具有重要的意义。

1.解读和拓展《高等学校辅导员职业能力标准（暂行）》

2014年，教育部颁布了《高等学校辅导员职业能力标准（暂行）》（以下简称《标准》）。《标准》是首个从国家层面制定的专门针对高校辅导员职业能力的文件，为提升高校辅导员职业能力提供了政策指导和行动指南，在高校辅导员队伍建设发展史中具有里程碑意义。《标准》在厘定高校辅导员职业功能、工作内容、能力要求、相关理论和知识要求的基础之上，从思想政治教育、党团和班级建设、学业指导、日常事务管理、心理健康教育与咨询、网络思想政治教育、危机事件应对、职业规划与就业指导、理论和实践研究等

①《习近平在全国高校思想政治工作会议上强调：把思想政治工作贯穿教育教学全过程 开创我国高等教育事业发展新局面》，《人民日报》，2016年12月9日第1版。

方面分别对初级、中级、高级辅导员的职业能力进行了阐发。作为国家对高校辅导员专业素质的统一要求,《标准》既是高校辅导员专业化、职业化发展的基本准则,也是高校辅导员准入、培养、考核的基本依据。为了推动《标准》的政策要求和量化指标落地生根。本书将理论与实践、历史与现实相结合,以期系统研究高校辅导员职业能力培养,更好解读和拓展《标准》。

2.丰富高校辅导员职业能力培养理论

实践的发展依赖理论的指导。恩格斯说过:一个民族想要站在科学的最高峰,就一刻也不能没有理论思维①。列宁对此也有过精辟论述:没有革命的理论,就不会有革命的运动②。增强辅导员职业能力是提升高校思想政治工作质量的关键节点,也是“一块难啃的硬骨头”,需要深入研究③。自高校辅导员制度建立以来,学界对高校辅导员职业能力培养展开了积极思考和探索,涌现出了一些有代表性的学术观点。但与大学生思想政治教育理论与实践的其他问题相比,高校辅导员职业能力培养研究较为薄弱,没有形成完整的理论体系。现有研究重点关注的是高校辅导员职业能力培养的内容,对其内在本质、发展历史、国外借鉴、现实运行和改进措施等缺乏系统探究。本书紧扣高校辅导员职业能力培养的内在本质,阐释其内涵、类型、特点和要素,从历史视野考察我国高校辅导员职业能力培养发展历程,从国际视野比较研究我国高校辅导员职业能力培养与国外高校学生事务管理者职业能力培养,立足现实,有针对性地提出对策,以期丰富高校辅导员职业能力培养理论。

3.完善大学生思想政治教育学科理论体系

大学生是思想政治教育的重点对象。大学生思想政治教育自然成为思想政治教育研究的重要领域。20 世纪 80 年代思想政治教育学科建立,大学生思想政治教育学科理论体系建设也由此开启。但由于思想政治教育学科

---

①中共中央马克思恩格斯列宁斯大林著作编译局译《马克思恩格斯文集(第 9 卷)》,人民出版社,2009,第 437 页。

②中共中央马克思恩格斯列宁斯大林著作编译局译《列宁选集(第 1 卷)》,人民出版社,1995,第 311 页。

③杜玉波:《提升理论素养 增强职业能力 切实加强高校辅导员队伍建设》,《高校辅导员》,2016 年第 3 期,第 3 页。

建立的时间较晚，到目前为止，大学生思想政治教育学科理论体系尚不完善。大学生思想政治教育学科理论体系涵盖的内容较为广泛，具体包括理论基础和知识借鉴、地位和功能、目的和任务、内容和原则、主体和客体、过程和规律、载体和环境等。其中，主体理论是大学生思想政治教育学科理论体系的重要内容。高校辅导员作为大学生思想政治教育的主体，是大学生思想政治教育的骨干力量。本书在前人研究成果的基础之上，系统探究高校辅导员职业能力培养，希冀完善大学生思想政治教育学科理论体系。

（二）研究的实践意义

理论的价值在于指导实践，促进实践发展。研究高校辅导员职业能力培养，最终目的是提升高校辅导员职业能力，促进大学生思想政治教育活动的顺利开展。研究高校辅导员职业能力培养，对全面提升高校辅导员职业能力，促进高校辅导员队伍专业化、职业化发展，提高高校思想政治工作精细化水平，提升大学生思想政治工作科学化水平具有重要的意义。

1.有利于全面提升高校辅导员职业能力

全面提升高校辅导员职业能力，形成大学生思想政治教育坚强主体支撑，是高校辅导员队伍建设亟待解决的重点，也是高校辅导员队伍建设竭力破解的难点。加强高校辅导员职业能力培养，全面提升专业素养和职业能力，不仅关系到高校辅导员队伍整体功能的发挥，也影响着大学生思想政治教育新局面的开创。习近平总书记在全国高校思想政治工作会议上指出：做好高校思想政治工作，要遵循思想政治工作规律、教书育人规律、学生成长规律，不断提高工作能力和水平。反观现实，部分高校辅导员不能自觉遵循大学生思想政治教育规律、大学生思想品德形成发展规律开展思想理论教育和价值引导，主要原因就在于其职业能力和专业素养不高。新时代，国际国内新形势、高校改革发展新任务、高校辅导员职业能力现状，都要求全面提升高校辅导员职业能力。本书系统研究了高校辅导员职业能力培养的方法和路径，有利于全面提升高校辅导员职业能力。

2.有利于促进高校辅导员队伍专业化、职业化发展

高校辅导员队伍建设有明确导向。从高等教育的发展趋势来看，专业

化、职业化是高校辅导员队伍建设的导向。唯有坚持专业化,高校辅导员队伍建设才能提升科学化水平;唯有坚持职业化,高校辅导员队伍建设才能实现可持续发展。近年来,党和国家反复强调高校辅导员队伍建设要向着专业化、职业化方向发展。2014 年《标准》指出:构建辅导员队伍能力标准体系是为了更好推动高校辅导员队伍专业化、职业化建设。2017 年《普通高等学校辅导员队伍建设规定》(即教育部第 43 号令)再次强调:要切实加强高校辅导员队伍专业化、职业化建设。加强高校辅导员队伍专业化、职业化建设,关键要提升高校辅导员的专业素质和职业能力。这既是加强队伍专业化培养的中心目的,也是促进队伍职业化建设的必要条件。反观现状,高校辅导员职业能力培养的专业化、职业化水平较低。专业化水平较低表现为:学科定位模糊、学科视角较为单一、专业组织发展滞后、专业课程建设不系统、专业教材建设不系统、缺乏一支稳定的专业师资队伍等。职业化水平较低表现为:很少依据高校辅导员的职业定位开展培训、没有统一的高校辅导员职业能力资格认证制度、很少进行全面的职业能力规划等。再看学界,虽然研究者们越来越重视高校辅导员队伍的专业化、职业化,但从职业能力培养视角探究高校辅导员队伍专业化、职业化的理论成果较少,实践探索也不多。本书立足高校辅导员职业能力培养水平较低的现实,探究如何在职业能力培养中促进辅导员队伍的专业化、职业化发展。

3.有利于提高高校思想政治工作的精细化水平

2017 年 2 月,中共中央、国务院印发的《关于加强和改进新形势下高校思想政治工作的意见》明确提出:要提高高校思想政治工作的精细化水平。提高高校思想政治工作的精细化水平,不仅要有精深的理论、精准的内容、精巧的手段,还要有一支能力过硬、结构合理、数量充足的大学生思想政治教育队伍。高校辅导员作为大学生思想政治教育的基层骨干力量,是大学生思想政治教育的重要主体支撑。高校辅导员要想深入细致地做精、做细大学生思想政治工作,必须具备相应的职业能力。然而现实运行中,部分高校辅导员只知道埋头苦做学生日常思想政治教育和管理工作,不注重职业能力的提升,严重影响了工作的精细化水平。本书试图通过对高校辅导员职业能力培养的系统研究,为辅导员队伍在业务上强起来提供参考和借鉴。

4.有利于提升大学生思想政治工作的科学化水平

高校思想政治工作关系高校培养什么样的人、如何培养人以及为谁培养人这个根本问题。① 长期以来,党基于对自己历史使命的理解和把握,高度重视大学生思想政治教育,探索形成了一系列行之有效的方针政策。尤其是党的十八大以来,以习近平同志为核心的党中央把大学生思想政治教育摆在突出位置,作出重大战略部署。地方和高校在党的正确领导下采取有效措施,积累宝贵经验,大学生思想政治教育在改进中加强、在继承中创新、在实践中发展。多年来,大学生思想政治教育呈现出良好发展态势,为培养高素质人才、推动高等教育改革发展、维护学校和社会稳定、服务党和国家大局作出了显著成绩。然而,进入新的历史时期,随着国际国内形势的变化、高等教育改革发展任务的变化、大学生思想的变化,大学生思想政治教育出现了一些亟须解决的问题。其中,如何在深刻变化的环境中提升大学生思想政治工作的科学化水平成为重点和难点。2017 年 2 月,中共中央、国务院印发的《关于加强和改进新形势下高校思想政治工作的意见》明确提出:要遵循教育规律、思想政治工作规律、学生成长规律,提高工作的科学化水平。提升大学生思想政治工作的科学化水平,需要一支兢兢业业、敢于奉献、业务能力过硬的高校辅导员队伍,坚持继承与创新、理论与实践的统一,探究大学生思想政治教育的本质和规律,形成正确的教育理念和方法。然而现实是,部分高校辅导员习惯于凭借感性经验开展工作,难以适应科学化要求,出现了"职业能力恐慌"现象。本书试图通过系统研究高校辅导员职业能力培养,为高校辅导员队伍建设提供一点儿建议,以此提升大学生思想政治工作的科学化水平。

二、研究现状及述评

自高校辅导员制度建立以来,学界对高校辅导员队伍建设展开了积极研究,形成了诸多成果。尤其是自 2004 年《中共中央 国务院关于进一步加

①《习近平在全国高校思想政治工作会议上强调:把思想政治工作贯穿教育教学全过程 开创我国高等教育事业发展新局面》,《人民日报》,2016 年 12 月 9 日第 1 版。

强和改进大学生思想政治教育的意见》(中发[2004]16号)颁布以来,研究者的热情不断高涨,涌现出了大量理论成果,基本形成了高校辅导员队伍建设研究的域界和框架。职业能力培养作为高校辅导员队伍建设的重点,也日益受到研究者的关注。现将学界关于高校辅导员职业能力培养的研究成果综述如下。

(一)国内研究现状

国内学者对高校辅导员职业能力培养展开了积极研究,形成了诸多代表性观点。

1.高校辅导员职业能力培养及其相关概念

研究高校辅导员职业能力培养,首先要准确界定其概念,深刻理解其含义。

(1)高校辅导员的含义。关于高校辅导员含义的研究,既有从政策层面展开的,也有从学术角度推进的。如《中共中央 国务院关于进一步加强和改进大学生思想政治教育的意见》(即中央16号文件)对高校辅导员专业特征的表述、2006年《普通高等学校辅导员队伍建设规定》(即教育部第24号令)对高校辅导员老师和干部双重身份的确定、《高等学校辅导员职业能力标准(暂行)》对高校辅导员职业含义的厘定、《普通高等学校辅导员队伍建设规定》(修订版)对高校辅导员社会角色的认定等,均体现了党和国家对高校辅导员职业角色的规定和社会价值的期许。从学术角度展开的研究,成果也较多,如李晓娟将高校辅导员界定为:高校从事大学生日常思想政治教育与管理工作的人员①;陈正芬则从工作身份、内容、方式等方面界定高校辅导员②。

(2)高校辅导员职业能力的含义。关于高校辅导员职业能力的含义,代表性观点有:辅导员在学生思想政治教育与日常管理中所运用的知识、能

①李晓娟:《高校辅导员工作学基本问题研究》,西南大学博士论文,2012,第21页。
②陈正芬:《我国高校辅导员制度研究》,西南大学博士论文,2013,第23页。

力、素养[①];辅导员完成工作任务的能力,包括知识、技能、态度等[②];影响高校辅导员工作效率和质量的主观条件[③];辅导员在学生教育管理服务工作中完成特定任务的能力[④]。

(3)高校辅导员职业能力培养的含义。学界对高校辅导员职业能力培养含义的专门研究较少,有学者从能力建设、能力开发、能力提升角度界定高校辅导员职业能力建设、职业能力开发、职业能力提升的含义,这对我们研究高校辅导员职业能力培养有一定的启示。

综上,对高校辅导员含义的研究为科学界定高校辅导员内涵奠定了理论根基,提供了思维启示,然而,对高校辅导员职业能力含义的界定虽多,却没有形成统一的理论界说,绝大部分学者在厘定高校辅导员职业能力含义时,将职业能力与素质、技能、水平等概念混为一谈。

2.高校辅导员职业能力构成要素

关于高校辅导员职业能力的构成要素,学界从多维视角进行了研究。

(1)从时代变化论述高校辅导员职业能力构成要素。高校辅导员职业能力构成要素随着时代变化而不断更新。张彦立足于时代变化将高校辅导员职业能力构成要素概括为:思想引导能力、发展辅导能力、规划指导能力、应变处理能力[⑤]。李霄锋、赵成福根据时代变迁从观念意识、政治素养和道德修养、专业水平、业务能力等方面阐释高校辅导员职业能力提升的主体方向[⑥]。

(2)从社会角色角度解析高校辅导员职业能力构成要素。胡全裕分别从高校辅导员的三重身份即教育者、管理者、服务者分析高校辅导员应具备

①马小红:《高校辅导员职业能力提升的困境及对策》,《学校党建与思想教育》2014年第14期,第73页。

②吴健、丁德智:《基于能力素质模型的高校辅导员职业能力建设规律研究》,《学校党建与思想教育》2016年第15期,第63页。

③李汉烨:《高校辅导员职业能力提升研究》,山东大学硕士论文,2012,第24页。

④杨晓庆、赵梓雯:《"互联网+"时代高校辅导员职业能力建设探究》,《学校党建与思想教育》2016年第16期,第93页。

⑤张彦:《加强辅导员能力建设论析》,《学校党建与思想教育》2012年第16期,第21页。

⑥李霄锋、赵成福:《地方本科院校转型发展过程中辅导员职业能力提升路径研究》,《教育探索》2015年第7期,第76页。

的职业能力[①]。

(3)从岗位要求角度论述高校辅导员职业能力构成要素。杨建义将高校辅导员的能动作用与岗位要求的职业能力结合起来分析高校辅导员职业能力构成要素[②]。

(4)从工作职责角度分析高校辅导员职业能力构成要素。张再兴基于高校辅导员的工作职责将其职业能力要素概括为:社会工作能力、群众工作能力、系统工作能力[③]。

(5)从素质结构方面分析高校辅导员职业能力构成要素。郑德前基于素质结构和职业要求将辅导员职业能力分为教育引导能力、事务管理能力、综合服务能力[④]。

(6)从职业进程角度阐释高校辅导员职业能力构成要素。卢忠菊按照职业发展进程将辅导员职业能力分为一般、专业、核心和国际化四个等级[⑤]。

当前,学界从多维视角对高校辅导员职业能力构成要素展开了积极研究,突出表现为:研究论域广泛,几乎涉足高校辅导员工作的各个领域;研究视角多样,不同研究者基于自己的学科专业背景从思想政治教育学、管理学、人才学、教育学等视角探讨高校辅导员职业能力构成要素;研究者众多,既有理论研究者,也有实践工作者,既有地方教育主管部门,也有高校党政领导,还有大量高校辅导员;研究成果丰厚,形成了相当数量的专著和学术论文。但现有研究仍存在以下问题:分歧较大,没有达成统一的理论界说;研究停留于"大而全"的简单罗列;研究静态化、扁平化,没有对构成要素之间的关系进行动态立体的考察。

---

①胡全裕:《基于角色的高等院校辅导员能力和素养探究》,《学校党建与思想教育》2015年第20期,第76—78页。

②杨建义:《辅导员职业能力状况与专业化发展——基于就业能力模型的分析》,《思想理论教育》2014年第3期,第96—97页。

③张再兴等:《高校辅导员队伍建设理论与实践》,人民出版社,2010,第121页。

④郑德前:《新时期高校辅导员职业能力提升研究》,《学校党建与思想教育》2015年第22期,第53页。

⑤卢忠菊:《加强高校辅导员职业能力建设的对策研究》,《高等农业教育》2017年第4期,第40页。

3.高校辅导员职业能力培养的特点

特点提炼是高校辅导员职业能力培养研究的重要一环，它有助于我们在理解高校辅导员职业能力培养特殊性的基础之上，增强培养的针对性和实效性。学界从不同维度分析了高校辅导员职业能力培养的特点：职业性、专业性、可培养性[①]；应用性、整合性、专长性、发展性[②]；个体性、情境性、创新性、发展性、复合性[③]；目的性、依存性、开放性[④]；整合性、兼顾性、现实性、发展性、使命性[⑤]。

以上关于高校辅导员职业能力培养特点的研究，是研究者基于对高校辅导员职业能力的不同理解展开的，在一定程度上揭示了高校辅导员职业能力培养的独特性。但现有研究仍停留在一般性描述上，稍显粗浅，从学理层面加以抽象概括的研究成果较为欠缺。

4.对我国高校辅导员职业能力培养的历史考察和经验总结

目前，学界对此的专门研究不多，鲜有研究成果公开发表。在笔者查阅到的文献资料中，只有何萌的博士论文《高校辅导员核心能力建设问题研究》专节论述了高校辅导员能力建设的发展历程与基本经验。大量相关研究零散地出现在高校辅导员制度、队伍建设或素质培养研究中。如朱正昌在梳理高校辅导员制度的历史与演进时论及了高校辅导员职业能力培养的发展历史[⑥]；张再兴在分析高校辅导员队伍建设时论及了高校辅导员职业能力培养的发展历史[⑦]，靳玉军在论述高校辅导员素质开发的发展历史与启示时涉及高校辅导员职业能力开发的发展历史[⑧]。从现有文献来看，学

---

①李永山：《高校辅导员工作的核心能力及其培养》，《思想教育研究》2015 年第 1 期，第 82—83 页。

②杨晓庆、赵梓雯：《“互联网+”时代高校辅导员职业能力建设探究》，《学校党建与思想教育》2016 年第 16 期，第 93 页。

③孙潇：《我国高校辅导员职业能力建设研究》，长安大学硕士论文，2009，第 13—14 页。

④李汉烨：《高校辅导员职业能力提升研究》，山东大学硕士论文，2012，第 24—25 页。

⑤周涛：《高校辅导员核心职业能力培养策略探析》，《学校党建与思想教育》2017 年第 22 期，第 63—64 页。

⑥朱正昌：《高校辅导员队伍建设研究》，人民出版社，2010，第 12—26 页。

⑦张再兴等：《高校辅导员队伍建设理论与实践》，人民出版社，2010，第 46—56 页。

⑧靳玉军：《高校辅导员素质开发研究》，西南大学博士论文，2008，第 47—68 页。

界对高校辅导员队伍建设或素质培养发展历史的研究成果较为丰硕，但没有形成统一的理论界说。最大的分歧主要在于划分标准不同，进而导致历史分期也不同。从文献梳理中我们还可以看到，现有研究虽然对高校辅导员队伍建设和素质培养发展历史进行了梳理，但专门研究职业能力培养发展历史的成果较为稀缺。从职业能力培养和队伍建设（或素质培养）的关系来看，二者是部分与整体的关系。职业能力培养是队伍建设（或素质培养）的重要组成部分。但职业能力培养并不等同于队伍建设或素质培养，应系统梳理高校辅导员职业能力培养发展历程，从中总结历史经验以指导今天的高校辅导员职业能力培养活动。

5.国外高校学生事务管理者职业能力培养比较借鉴

近年来，国外高校学生事务管理者职业能力培养逐步进入研究者的视域。张再兴等人比较研究了美国、英国等国高校学生辅导工作人员的构成与素质要求[①]。朱正昌介绍了美国、英国、德国等国高校学生事务管理队伍建设的历史脉络及其启示[②]。博士学位论文中，李永山从专业人才培养、继续教育、人员管理等方面论述了美国提升学生事务管理人员职业能力的途径[③]。期刊论文中，弥志伟等人从职业道德修养、咨询与指导、日常事务管理、理论与实践研究等方面比较了中国高校辅导员和美国高校学生事务管理者的职业能力标准，并在此基础上总结了其对我国辅导员队伍专业化建设和能力提升的启示[④]；陈翠荣分析了美国高校引领学生事务管理者职业发展的路径[⑤]。由此可见，国内学者对国外高校学生事务管理者职业能力培养的关注重点是培养内容、培养途径、发展阶段及特点，对培养方法、手段、机制、环境等的研究较为薄弱。

---

①张再兴等：《高校辅导员队伍建设理论与实践》，人民出版社，2010，第263—282页。

②朱正昌：《高校辅导员队伍建设研究》，人民出版社，2010，第69—98页。

③李永山，《美国大学学生事务管理人员职业发展过程及启示研究》，合肥工业大学博士论文，2013，第34—95页。

④弥志伟、袁伟、贾安东：《中美高校辅导员职业能力标准对比及启示》，《黑龙江高教研究》，2015年第5期，第47—50页。

⑤陈翠荣、储祖旺、鲁智丹，《美国高校引领学生事务管理者职业发展的路径分析》，《中国高教研究》2016年第11期，第70—74页。

6.高校辅导员职业能力培养的现状

这一层面的研究立足高校辅导员职业能力培养现状，揭示了其现实运行状态。

(1)高校辅导员职业能力培养取得的成绩。焦佳指出：培养的基础不断夯实、阵地不断拓展、渠道不断丰富是辅导员职业能力培养取得的主要成绩①；李汉烨从队伍建设、工作研究、职业培训等方面论述了高校辅导员职业能力提升方面取得的成绩②；冯增振指出高校辅导员职业能力培养的成效有：职业素质能力得到提升、专业化倾向、相关学科知识的武装、对国外理论的借鉴③。

(2)高校辅导员职业能力培养存在的问题。代表性观点有：制度边际效用递减、学科协同效应不足、专业归宿困境显现、专业培训亟待转型④；辅导员职业认同感不高、缺乏良性竞争平台、激励措施发力较难、行业体制不完善、准入标准待落实⑤；没有达成社会共识、校园机制不完善、辅导员自身能力不强、职业能力提升制度不健全⑥。

(3)高校辅导员职业能力培养存在问题的原因。代表性观点有：辅导员管理考核机制不健全、辅导员选聘培养制度不完善、辅导员自我管理和学习创造的动力不足是高校辅导员职业能力提升陷入困境的原因⑦；体制与环境仍需优化、辅导员内在职业认同感有待提高⑧。

从上述分析可以看出，学界对高校辅导员职业能力培养现状展开了积极研究，但仍存在以下问题：第一，仍停留在经验性描述阶段，对隐藏在表象

---

①焦佳：《高校辅导员职业能力提升路径探究》，《思想理论教育》2016 年第 2 期，第 98 页。

②李汉烨：《高校辅导员职业能力提升研究》，山东大学硕士论文，2012，第 37—39 页。

③冯增振：《高校辅导员职业素质与能力培养研究》，上海师范大学硕士论文，2011，第 20—21 页。

④焦佳：《高校辅导员职业能力提升路径探究》，《思想理论教育》2016 年第 2 期，第 98—99 页。

⑤张莉、鲁萍、杜涛：《高校辅导员职业能力提升与专业化发展研究》，《思想理论教育导刊》2015 年第 8 期，第 131 页。

⑥李汉烨：《高校辅导员职业能力提升研究》，山东大学硕士论文，2012，第 39—43 页。

⑦林伟毅：《高校辅导员职业能力的现状及提升路径》，《思想理论教育导刊》2017 年第 1 期，第 135 页。

⑧袁翔、何静、李婉：《高校辅导员职业能力提升与专业化发展研究》，《学校党建与思想教育》2017 年第 6 期，第 69 页。

后的实质缺乏深入探究。如对成绩的分析囿于本地区或本单位,对问题的解析主要是罗列性描述,成因的剖析视角较为单一;第二,概念混淆。将“职业能力现状”和“职业能力培养现状”杂糅在一起。职业能力现状是检验职业能力培养效果的指标之一。高校辅导员职业能力整体培养效果可通过内容、方法、途径、机制、环境等多个指标表现出来,而职业能力现状只能从某一层面反映高校辅导员职业能力培养效果。作为对高校辅导员职业能力培养的专题研究,应将研究的重点放在“培养现状”上。同理,职业能力培养是高校辅导员队伍建设的重要组成部分,职业能力培养现状从一个侧面折射出高校辅导员队伍建设的现状,二者之间是包含关系,而不是等同关系;第三,问题意识不强。由于现有研究中实证研究较少,没有立足高校辅导员职业能力培养现状展开调研,自然难以切准“真问题”、关注“新问题”、聚焦“大问题”[①]。解析高校辅导员职业能力培养现状,应对其现实运行状态作全面、真实、深入的展示。

7.加强高校辅导员职业能力培养的对策

这一层面的研究将高校辅导员职业能力培养的基础理论与现实问题结合起来,旨在解答如何实现高校辅导员职业能力的全面提升。代表性观点有:

(1)坚持专业化、职业化。专业化、职业化作为培养方向,是当前学界关注的焦点。从文献梳理来看,现有研究多聚焦于高校辅导员的职业制度、职业理论、职业现状、国外比较分析等。如:基于职业化背景研究高校辅导员职业能力发展[②];从历史发展、理论基础、现状、比较研究和推进策略等方面系统分析高校辅导员职业化、专业化建设[③];从制度体系与运行机制论述高校辅导员队伍专业化、职业化建设[④]。这些成果为深入研究高校辅导员职业能力培养专业化、职业化奠定了理论基石。

(2)加强业务培训。业务培训是高校辅导员职业能力培养的重要途径。

---

①沈壮海:《思想政治教育的文化视野》,人民出版社,2005,第 307 页。

②朱红春:《职业化背景下高校辅导员能力发展研究》,天津大学博士论文,2010,第 1—116 页。

③龚春蕾:《高校辅导员职业化专业化问题研究》,华东师范大学博士论文,2011,第 1—195 页。

④周家伦主编《高校辅导员:理论、实务与开拓》,同济大学出版社,2011,第 187—216 页。

研究者普遍强调通过业务培训提升高校辅导员职业能力。李永山构建了以能力为导向的分层培训体系[①];张益建构了辅导员职业能力分级培训体系的层级图式模型[②]。

(3)加强实践。实践是高校辅导员职业能力培养的根本途径。董燕提出高校辅导员应在实践中提高技能[③]。

(4)开展科学研究。科学研究是高校辅导员职业能力提升的重要途径。张杰、王庚提出搭建学术科研平台,提升辅导员科研能力[④];刘德才、张增森从增强意识、优化环境、加强培训、完善制度、开拓路径等方面论述了提升辅导员科研能力的途径[⑤]。

(5)健全培养机制。培养机制是高校辅导员职业能力培养的保障。吴云志、曲建武提出要建立健全辅导员管理机制、考核机制、激励机制和淘汰机制[⑥];林钦松从选拔机制、培养机制、使用机制、评价机制等方面论述了高校辅导员能力建设的机制创新[⑦]。

(6)优化培养环境。环境是高校辅导员职业能力培养的外部条件。吴云志、曲建武提出要为辅导员发展创造良好的政策环境[⑧];吴琼提出深化管理机制改革,优化工作环境[⑨]。

---

①李永山:《构建以能力为导向的高校辅导员分层培训体系》,《思想理论教育导刊》2016 年第 4 期,第 134 页。

②张益:《高校辅导员职业能力分级培训体系的层级图式模型建构研究》,《思想教育研究》2015 年第 4 期,第 102 页。

③董燕:《高校辅导员的专业化与素质能力培养》,《梧州学院学报》2009 年第 5 期,第 91 页。

④张杰、王庚《论高校辅导员职业发展能力的培养》,《思想理论教育导刊》2009 年第 8 期,第 106 页。

⑤刘德才、张增森:《地方高校辅导员科研能力提升路径探析》,《思想教育研究》2016 年第 2 期,第 122—123 页。

⑥吴云志、曲建武:《高校辅导员素质与能力建设对策研究》,《高校理论战线》2008 年第 1 期,第 34 页。

⑦林钦松:《能力本位与高校辅导员能力建设》,《福建师范大学福清分校学报》2007 年第 6 期,第 102—103 页。

⑧吴云志、曲建武:《高校辅导员素质与能力建设对策研究》,《高校理论战线》2008 年第 1 期,第 34 页。

⑨吴琼:《论高校辅导员学生管理能力提升的策略》,《学校党建与思想教育》2010 年第 26 期,第 76 页。

从上述梳理可以看出，学界对高校辅导员职业能力培养的对策展开了积极探索，取得了初步成效。但总的来讲，研究仍停留在经验总结层面，很少有人在充分调研高校辅导员职业能力培养现实运行状态的基础之上有针对性地提出培养对策。

（二）研究现状述评

从上述梳理可以看出：学界对高校辅导员职业能力培养展开了积极探索，取得了初步成效。但总的来说，现有研究还有待拓展和深化。

1.现有研究取得的成绩

自高校辅导员制度建立以来，学界对高校辅导员职业能力培养展开了积极探索，取得了初步成效。现有研究取得的成绩主要有：第一，研究视角多样化。高校辅导员职业能力培养的研究视角较为多样，既有从思想政治教育学角度展开的，也有从心理学角度展开的，还有从管理学角度展开的。第二，研究内容不断丰富。高校辅导员职业能力培养研究的内容不断丰富，现有研究成果涵盖高校辅导员职业能力培养的内容、方法、途径等。第三，研究方法不断创新。目前，高校辅导员职业能力培养的研究方法既有理论阐释又有实证研究，既有定性研究又有定量分析。

2.现有研究存在的不足

现有研究虽取得了初步成效但仍处于起步阶段，仍需拓展和深化，主要表现为：第一，研究缺乏跨学科视界。目前，学者主要基于自己的专业学科背景对高校辅导员职业能力培养进行研究，缺乏跨学科视界。第二，研究内容缺乏系统性。目前，高校辅导员职业能力培养的研究内容虽不断丰富但较为零散，缺乏系统研究和深层次学理分析。第三，研究方法略显单一。现有研究方法虽不断创新但略显单一，主要表现为经验分析多理论研究少，应然研究多实然研究少，定性研究多定量研究少。

3.本书拟突破之处

高校辅导员职业能力培养研究取得的成绩，为本书奠定了基石；其存在的不足，为本书指明了方向。基于现有研究取得的成绩和存在的不足，本书拟从以下几个方面进行突破。

(1)彰显跨学科视界

跨学科视界有利于在现有研究之上寻找新的切入点和突破口。针对学界主要从单一学科研究高校辅导员职业能力培养的现状,本书以马克思主义为理论指导,以思想政治教育学为专业背景,综合借鉴人才学、教育学、管理学、心理学等相关学科理论知识,从跨学科视界研究高校辅导员职业能力培养。

(2)拓展研究内容

拓展研究内容是高校辅导员职业能力培养研究科学化发展的必然要求。针对目前高校辅导员职业能力培养研究内容的真空地带和薄弱环节,本书拟加强对以下问题的研究:第一,高校辅导员职业能力培养的内涵。目前,学界对高校辅导员职业能力培养内涵的研究较为薄弱。在笔者查阅到的文献资料中还没有专门界定高校辅导员职业能力培养内涵的研究成果。本书在界定高校辅导员职业能力培养的内涵时,通过分别阐释高校辅导员、职业能力和培养的内涵,引申出高校辅导员职业能力培养的内涵。第二,高校辅导员职业能力的构成要素。目前,学界对高校辅导员职业能力的构成要素较为关注,但没有凸显高校辅导员职业的特点。本书依据《标准》,从通用能力和专业能力两个方面解析高校辅导员职业能力的主要构成要素。第三,高校辅导员职业能力培养的类型。目前学界还没有关于高校辅导员职业能力培养类型的专门研究。本书借鉴人才学关于人才开发类型的划分,以培养主体、客体、内容、形式为标准,划分高校辅导员职业能力培养的类型。第四,高校辅导员职业能力培养的特点。目前,学界对高校辅导员职业能力培养特点的提炼不够精准。本书紧扣高校辅导员的工作职责和任务要求,观照大学生思想政治教育的全过程、各环节,对高校辅导员职业能力培养特点进行了概括。第五,我国高校辅导员职业能力培养历史考察和经验总结。目前,学界还没有对我国高校辅导员职业能力培养历史进行考察和经验总结的专门研究。本书以高校辅导员制度的正式建立为逻辑起点,循着高校辅导员制度发展历程,回顾我国高校辅导员职业能力培养发展历史,总结历史经验以指导今天的高校辅导员职业能力培养活动。第六,国外高校学生事务管理者职业能力培养比较借鉴。目前,学界还没有对国外高校学生事务管理者职业能力培养的专门研究。本书考察美国、英国、德国等国在高校学生事务管理者职业能力培养方面进行的探索和积累的经验,从共性特征中揭示一般规律,以期为我国高校辅导员职业能力培养提供借鉴和启示。第七,高校辅导员职业能力培养的现状分析。现有文献对高校辅导员职业能力培养现状的研究多为工作经验的总结,深入现实开展调查研究的较少。本书通过问卷调查、专题座谈、个别访谈、典型案例分析等方法调研高校辅导员职业能力培养现状,客观分析当前高校辅导员职业能力培养取得的成绩,精准查找存在的问题,深入剖析问题存在的原因。第八,提出高校辅导员职业能力培养的对策。目前,学界提出了一些加强高校辅导员职业能力培养的措施,但还远远不够。本书立足当前高校辅导员职业能力培养的现状,有针对性地提出加强高校辅导员职业能力培养的对策。

(3)综合采用多种研究方法

多样化的研究方法是高校辅导员职业能力培养研究得以顺利进行的必备条件。针对当前高校辅导员职业能力培养研究方法略显单一的问题,本书综合采用多种方法开展研究:第一,经验总结与理论研究相结合。目前,学界对高校辅导员职业能力培养的研究绝大部分是通过对经验事实资料的搜集、整理来揭示其特点和规律的。本书运用从分析到综合,从具体到抽象的逻辑方法对经验事实资料进行加工整理,同时进行研判和推理,以期达到对高校辅导员职业能力培养本质和规律的认识。第二,应然研究与实然研究相结合。目前,学界对高校辅导员职业能力培养的研究,单凭理论分析和逻辑演绎的应然研究相对较多,带着"问题意识"深入现实的实然研究相对较少。本书在研究高校辅导员职业能力培养的内涵、类型、特点和高校辅导员职业能力构成要素等问题的基础之上,深入剖析高校辅导员职业能力现状、高校辅导员职业能力培养现状等现实问题。第三,定性研究与定量研究相结合。任何事物都有一定的质和量,都是质和量的统一体。高校辅导员职业能力培养也是如此。在本书既研究高校辅导员职业能力培养的内涵、类型、特点等质的规定,又分析高校辅导员职业能力培养的效果、效率等量的关系。第四,系统分析法。在本书中,系统分析法贯穿于整个研究过程。本书始终将高校辅导员职业能力培养作为一个完整系统,既分析这一系统的要素,又解析它的结构,努力实现系统功能的最大化。

三、研究的思路与方法

研究要有清晰的思路,方能保证逻辑的严密性;要借助科学方法,才能体现时代性、富于创造性。本书的研究思路与方法如下。

(一)研究的思路

研究的思路,是指人们研究问题时思维活动的脉络和轨迹。本书以马克思主义为理论指导,以思想政治教育学为专业背景,充分借鉴人才学、教育学、心理学、管理学等相关学科知识,从理论与实践、历史与现实等维度系统研究高校辅导员职业能力培养。首先,通过阐释高校辅导员职业能力培养的内涵、类型、特点,解析高校辅导员职业能力的主要构成要素;其次,立足高校辅导员职业能力培养现状,正确认识取得的主要成绩,准确找出存在的突出问题,深入剖析问题存在的原因,从而揭示加强高校辅导员职业能力培养的现实必要性;再次,从整体上分析我国高校辅导员职业能力培养发展历程,在还原本来、再现原貌中总结历史经验,揭示高校辅导员职业能力培养的历史必然性;复次,坚持以我为主、为我所用的原则,考察国外高校学生事务管理者职业能力培养的经验,并将其与我国具体国情相结合,在批判借鉴的基础之上吸收对我国有积极意义的成分;最后,立足高校辅导员职业能力培养的现实必要性、历史必然性等,有针对性地提出加强高校辅导员职业能力培养的对策。

(二)研究的方法

研究方法是指研究过程中为实现研究目的而采用的方式、手段和技巧。本书以辩证唯物主义和历史唯物主义方法论为指导,综合运用文献研究法、调查研究法、典型案例分析法、比较研究法和系统分析法研究高校辅导员职业能力培养。

1.文献研究法

文献研究法,是指研究者根据研究目的,通过多种途径搜集相关文献资料,并对文献资料进行阅读、整理和分析的研究方法。文献研究法虽然是间接获取信息的方法，但它可以帮助研究者了解所研究问题的历史和现状，避免重复劳动。本书通过文献研究法对相关文献资料进行搜集、整理、阅读和分析，在紧密跟踪研究动态和进展的基础之上确定本书的主题、内容和方法。

2.调查研究法

调查研究法，是指研究者根据研究目的，运用问卷、座谈、访谈等方式对社会问题和现象进行调查，以探究事物本质和规律的研究方法。毛泽东曾说："没有调查，没有发言权。"[①]通过调查研究法，研究者可直接获取第一手资料，从而了解研究对象的真实情况，在调查研究的基础之上进行整理分析，从感性认识上升到理性认识。本书以高校辅导员职业能力培养的实际问题为研究对象，通过问卷调查、专题座谈会、个别访谈等方法对 16 所高校的辅导员职业能力培养现状进行了调研。调研的高校既有全国重点大学，也有地方普通院校，还有高职院校。调研的对象既有高校辅导员，也有大学生，还有高校辅导员队伍领导管理部门的相关人员。调研的内容包括高校辅导员基本情况、高校辅导员职业能力现状和高校辅导员职业能力培养现状。在充分调研的基础之上，运用统计分析软件 SPSS(22.0)对数据进行了描述性统计和相关性分析。根据统计数据梳理和归纳了当前高校辅导员职业能力培养取得的成绩、存在的问题，并深入剖析了问题存在的原因。

3.典型案例分析法

典型案例分析法，即对典型案例进行分析的方法。典型案例分析法有利于学习正面典型的经验，吸取反面典型的教训。本书采用典型案例分析法对第一批教育部高校辅导员培训和研修基地的 21 所高校的辅导员职业能力培养现状进行了分析，提炼这些高校的成功做法，希冀为加强高校辅导员职业能力培养提供借鉴。本书还采用典型案例分析法对近年来的全国高校辅导员年度人物进行分析，总结这些年度人物职业能力提升的成功经验。此外，本书还采用典型案例分析法对调研中问题突出的高校进行了分析，从反面印证了加强高校辅导员职业能力培养的重要性和紧迫性。

---

①马克思恩格斯列宁斯大林著作编译局译《毛泽东选集(第 1 卷)》，人民出版社，1991，第 109 页。

4.比较研究法

比较研究法，是指通过对不同事物或同一事物不同方面、不同发展阶段的比较，以达到认识事物本质和规律的研究方法。比较研究法有利于认识事物之间的联系和区别，从而深化对事物本质和规律的认识。本书不仅纵向比较了我国高校辅导员职业能力培养发展历程，还横向比较了我国高校辅导员职业能力培养与国外高校学生事务管理者职业能力培养的异同，在总结经验的基础之上，探讨同类实践活动的规律。

5.系统分析法

系统分析法，是指从要素、结构、功能等方面分析事物，以达到认识事物本质和规律的目的的研究方法。系统分析法既可以帮助人们从整体上认识事物，也可以帮助人们从不同维度认识事物。本书以系统论为指导，始终将高校辅导员职业能力培养作为一个完整系统，既分析这一系统的要素，又解析它的结构，并在分析要素和结构的基础之上，提出优化这一系统的策略。

四、研究的重难点及创新点

把握重点是开展研究的前提，突破难点是完成研究的关键，实现创新是研究价值的体现。

（一）研究的重难点

加强高校辅导员职业能力培养的对策是本书的重点，如何保证高校辅导员职业能力培养的专业化、职业化是本书的难点。

1.研究的重点

加强高校辅导员职业能力培养的对策是本书的重点。研究高校辅导员职业能力培养，旨在通过分析高校辅导员职业能力培养的历史和现实问题，提出加强高校辅导员职业能力培养的对策，促进高校辅导员职业能力的全面提升。本书在厘清相关理论和实践问题的基础之上，重点阐释加强高校辅导员职业能力培养的对策。

2.研究的难点

坚持高校辅导员职业能力培养的专业化、职业化是本书的难点。加强高校辅导员职业能力培养，首先要明确培养方向。从加强大学生思想政治教育的战略高度和高等教育的大众化发展趋势来看，专业化、职业化是高校辅导员职业能力培养的方向。目前，高校辅导员队伍专业化、职业化发展业已引起学界的高度重视和广泛关注，研究成果逐渐丰富，但从高校辅导员职业能力培养视角系统研究高校辅导员队伍专业化、职业化发展的理论研究成果较少，实践探索也不多。在文献资料的消化吸收和书稿的撰写中，由于理论本身的难度、文献资料的欠缺和自身研究水平的局限，笔者以为此部分研究难度较大。

（二）研究的创新点

着力推进高校辅导员职业能力培养研究的系统化是本书的创新点。目前，学界对高校辅导员职业能力培养的研究散见于高校辅导员队伍建设或高校辅导员素质培养研究中，缺乏系统性。正如文献综述论及，学界还没有以“高校辅导员职业能力培养”为题名的专著、博士学位论文，对高校辅导员职业能力培养的研究还存在真空地带和薄弱环节。高校辅导员职业能力培养是一项系统工程，要立足系统性，着力推进研究的系统化。本书立足高校辅导员职业能力培养的系统性，通过对高校辅导员职业能力培养理论知识的阐释、国内发展历史的回顾、国外实践活动的借鉴、现实运行状况的剖析、未来发展趋势的展望，从理论与实践、历史与现实、国内与国外的结合中对高校辅导员职业能力培养的总体图景进行展示，着力推进高校辅导员职业能力培养研究的系统化。此外，本书还划分了高校辅导员职业能力培养的类型，专门考察了我国高校辅导员职业能力培养的发展状况并总结了历史经验，考察了国外部分高校学生事务管理者职业能力培养的情况，从职业能力培养的视角系统研究了高校辅导员队伍的专业化、职业化发展等。

第二章　高校辅导员职业能力培养的理论阐释

研究高校辅导员职业能力培养，首先要阐释内在本质，深刻认识内涵、全面把握内容、科学划分类型、准确提炼特点，并以此为逻辑起点建构高校辅导员职业能力培养研究体系。高校辅导员职业能力培养是一个复合概念，由“高校辅导员”、“职业能力”和“培养”等关键词组成。要阐释高校辅导员职业能力培养的内在本质，需要对上述关键词进行学理分析。本章重点为界定高校辅导员职业能力培养及其相关概念的内涵，分析高校辅导员职业能力的主要构成要素，划分高校辅导员职业能力培养的类型，提炼高校辅导员职业能力培养的特点。

一、高校辅导员职业能力培养及其相关概念的内涵

高校辅导员职业能力培养的内涵是本书的理论起点。高校辅导员职业能力培养由高校辅导员、职业能力、培养等关键词组成。要准确界定高校辅导员职业能力培养的内涵，需要对这些关键词进行逐一厘定。

（一）高校辅导员的内涵

高校辅导员职业能力培养内涵的厘定是建立在对“高校辅导员”科学界定和正确理解基础上的。

高校辅导员概念与高校辅导员制度相伴而行，先后经历了政治指导员、政治辅导员、高校辅导员等称谓的变化。称谓的变化主要缘于高校辅导员在不同历史时期角色定位和工作职责的不同。也正是这些不同使得学界对高校辅导员内涵的厘定处于一个开放、争议的阶段。本书按相关研究成果出现的先后顺序，梳理出一些有代表性的观点，以此呈现高校辅导员内涵厘定的发展逻辑。本书对此的梳理从三个维度展开：第一，党和国家政策层面。2004 年中央 16 号文件指出：辅导员按照党委的部署有针对性地开展思想政治教育活动[①]；2005 年教育部 24 号令指出：辅导员是开展大学生思想政治教育的骨干力量，是学生日常思想政治教育和管理工作的组织者、实施

①教育部思想政治工作司组编《加强和改进大学生思想政治教育重要文献选编（1978—2008）》，中国人民大学出版社，2008，第 381—382 页。

者、指导者[①];2014 年《高等学校辅导员职业能力标准(暂行)》指出:辅导员是高校教师队伍和管理队伍的重要组成部分,具有教师和干部的双重身份;教育部 43 号令指出:辅导员是开展大学生思想政治教育的骨干力量,是高校学生日常思想政治教育和管理工作的组织者、实施者、指导者,应努力成为学生成长成才的人生导师和健康生活的知心朋友。第二,工具书。可查的权威性工具书如《辞海》、《现代汉语词典》均没有关于高校辅导员的直接解释,只有相关概念的界说。《现代汉语词典》将"辅导"一词解释为:帮助和指导[②]。一些学科辞典对高校辅导员进行了解释。《简明思想政治教育辞典》对"政治辅导员"的解释是:高校党组织派到各年级做学生思想政治工作的基层干部[③];《中国大百科全书(教育卷)》把学生政治辅导员解释为:高校基层政治工作干部[④]。第三,学术研究视角。靳玉军从一般意义界定了高校辅导员内涵[⑤];李晓娟基于称谓和内涵的发展演变将高校辅导员界定为高校从事大学生日常思想政治教育与管理工作的人员[⑥];陈正芬从工作身份、工作内容、工作方式等方面界定了高校辅导员内涵[⑦]。综上可见,虽然高校辅导员内涵厘定的视角较为多样,表述不尽相同,但核心意涵基本相同,即高校从事大学生日常思想政治教育与管理工作的人员。

目前,教育部 43 号令对高校辅导员的概念做出了较为权威的界定。本书据此解析高校辅导员内涵:第一,高校辅导员是大学生思想政治教育的骨干力量。大学生思想政治教育的主体包括学校党政干部和共青团干部、思想政治理论课教师和哲学社会科学课教师、辅导员和班主任[⑧]。其中,唯独辅导员专职从事大学生日常思想政治教育与管理工作。他们奋斗在大学生

---

①教育部思想政治工作司组编《加强和改进大学生思想政治教育重要文献选编(1978—2008)》,中国人民大学出版社,2008,第 492 页。

②《现代汉语词典》,商务印书馆,2012,第 404 页。

③宋子竑:《简明思想政治教育辞典》,河南人民出版社,1989,第 331 页。

④《中国大百科全书(教育卷)》,中国大百科全书出版社,1995,第 439 页。

⑤靳玉军:《高校辅导员素质开发研究》,西南大学博士论文,2008,第 13 页。

⑥李晓娟:《高校辅导员工作学基本问题研究》,西南大学博士论文,2012,第 21 页。

⑦陈正芬:《我国高校辅导员制度研究》,西南大学博士论文,2013,第 23 页。

⑧教育部思想政治工作司组编:《加强和改进大学生思想政治教育重要文献选编(1978—2008)》,中国人民大学出版社,2008,第 381 页。

日常思想政治教育与管理工作第一线，是做好大学生思想政治教育的骨干力量；第二，高校辅导员是大学生日常思想政治教育与管理工作的组织者、实施者和指导者。作为组织者，高校辅导员要组织各种教育力量、教育资源、教育活动，从不同维度、不同层面开展大学生日常思想政治教育与管理工作。作为实施者，高校辅导员奋斗在大学生日常思想政治教育与管理工作第一线，具体开展教育引导、发展指导、事务管理等各项工作。作为指导者，高校辅导员不仅要从整体上指导大学生成长成才，还要具体指导大学生学业、职业规划与就业创业、党团和班级建设、校园文化建设等。第三，高校辅导员应努力成为学生成长成才的人生导师和健康生活的知心朋友。努力成为学生成长成才的人生导师和健康生活的知心朋友是高校辅导员的价值追求。作为大学生成长成才的人生导师，高校辅导员要扮演好人生导航者的角色，用自己高尚的品德、广博的知识、娴熟的技能指导大学生树立远大理想、坚守崇高信念，领悟人生真谛、实现人生价值，直面人生课题、破解人生难题。作为大学生健康生活的知心朋友，高校辅导员要扮演好亦师亦友的角色，通过深入细致的思想政治工作，全面掌握大学生的思想行为特点及思想政治状况，切实帮助他们解决好思想认识、价值取向、学习生活、择业交友等方面的具体问题，与他们一起体验人生的成功与失败、欢歌与泪水。

（二）高校辅导员职业能力的内涵

高校辅导员职业能力是高校辅导员职业能力培养的属概念，也是本书需厘清的关键概念。厘定高校辅导员职业能力的内涵，首先要弄清能力、职业能力的内涵。

能力是一个复杂的多维概念，虽然众多学者对此有相关著述，但分歧较大，众说纷纭、莫衷一是。马克思主义从实践观出发，将能力理解为“人的本质力量的公开的展示”①。现代社会，能力一词的使用频率极高，在不同学科、不同领域，有着不同的具体指向。从学科视域研究能力，发轫于心理学。心理学将能力界定为从事某项活动的个性心理特征。心理学把能力具体化

---

①马克思恩格斯列宁斯大林著作编译局译《马克思恩格斯全集（第42卷）》，人民出版社，1979，第128页。

为个性心理特征，深化了能力的内涵。但心理学对能力的界定过于强调内在性，忽略了实践性。有别于心理学研究，思想政治教育学、人才学、管理学、教育学在界定能力内涵时突出实践性。思想政治教育学专家郑永廷教授将能力界定为：作为人的本质力量的集中体现，是人从事一切活动的内在根据，是人生存和发展的基础[①]。这一界定基于马克思主义实践观，强调了能力的重要性。人才学专家罗洪铁教授将能力素质界定为：运用知识的能力[②]。这一界定强调了能力和知识的关系。能本管理的倡导者韩庆祥教授从人学角度将能力界定为：人的综合素质在现实行动中表现出来的、正确驾驭某种活动的实际本领、能量和熟练水平[③]。这一界定强调了能力与实践活动的关系。罗树华、李洪珍编著的《教师能力学》将能力界定为：以人的一定的生理和心理素质为基础，在认识和实践活动中形成、发展的完成某种任务的能动力量[④]。这一界定强调了人的能力是先天禀赋和后天实践的综合作用的结果。笔者基于马克思主义对能力的理解，综合借鉴思想政治教育学、心理学、人才学、管理学和教育学等相关学科关于能力内涵的研究成果，将能力界定为：人的内在素质在实践活动中表现出来的、顺利完成某项任务的能动力量。

基于以上对能力这一概念的界定，同时借鉴学术界关于职业能力含义的研究成果，笔者将职业能力界定为：人的内在素质在职业活动中表现出来的、顺利开展职业活动的能动力量。理解这一内涵应把握以下要义：第一，职业能力的主体是人。"人的本质不是单个人所固有的抽象物，在其现实性上，它是一切社会关系的总和"[⑤]，处于现实职业关系、从事具体职业活动的人是职业能力的承担者、发展者和行使者。第二，职业能力的构成具有丰富性。职业能力是人们从事职业活动所需具备的多种能力要素的整合，具有内容上的丰富性。第三，职业能力的属性具有多重性。职业能力是人在先

①郑永廷等：《人的现代化理论与实践》，人民出版社，2006，第 460 页。

②罗洪铁、周琪主编《人才学原理》，人民出版社，2013，第 129 页。

③韩庆祥：《能力本位》，中国发展出版社，1999，第 81 页。

④罗树华、李洪珍主编《教师能力学》，山东教育出版社，2000，第 8 页。

⑤马克思恩格斯列宁斯大林著作编译局译《马克思恩格斯选集（第 1 卷）》，人民出版社，1995，第 56 页。

天禀赋和后天实践的综合作用中形成的，具有自然性、社会性、职业性、发展性等多重属性。第四，职业能力的提升是一个永无止境的过程。人的职业活动是一个持续推进的实践过程，相应地，职业能力的提升也是一个永无止境的过程。

立足上述内涵，本书将高校辅导员职业能力界定为：高校辅导员顺利开展大学生日常思想政治教育与管理活动所需具备的能动力量。理解高校辅导员职业能力的内涵应把握以下要点：第一，高校辅导员职业能力形成的基础是内在素质。内在素质是高校辅导员职业能力产生的前提。没有内在素质做依托，高校辅导员职业能力将变成无源之水、无本之木。第二，高校辅导员职业能力发展和实现的平台是大学生日常思想政治教育与管理活动。大学生日常思想政治教育与管理活动是高校辅导员职业能力发展和实现的基本途径。第三，高校辅导员职业能力具有动态性。职业能力作为高校辅导员内在素质的外化力量，本身具有动态性，它既表现为高校辅导员具体从事职业活动时表现出来的能动力量，又表现为高校辅导员通过职业活动促进大学生成长成才的发展态势。不同历史时期，高校辅导员职业能力会随着工作目标、任务、对象、内容和方式的变化而改变。高校辅导员只有不断提升职业能力，才能始终把握大学生日常思想政治教育与管理活动的主动权。高校辅导员职业能力的动态性决定了它的可塑性，也正是这种动态性和可塑性，为我们提升高校辅导员职业能力提供了可能[①]。

（三）高校辅导员职业能力培养的内涵

界定高校辅导员职业能力培养的内涵，还需弄清培养的含义。《现代汉语词典》把“培养”解释为：按照一定目的长期地教育和训练使成长[②]。本书基于语义学将培养界定为：根据一定目的，在一定环境影响下，通过教育和训练使成长的活动过程。理解这一概念应把握以下要义：第一，培养具有明确的目的性。培养目的是培养活动期望达成的结果。它作为培养活动的目标指向和价值取向，反映了培养活动的本质，规定了培养活动的内容，影响

---

①费萍：《高校辅导员职业能力培养的内涵界定与解析》，《教育观察》2016 年第 5 期，第 38—39 页.

②《现代汉语词典》，商务印书馆，2012，第 978 页。

着培养方法和路径的选择。第二,培养要受环境的影响。环境是影响培养活动的外部因素。具体的培养活动总是在特定的环境中进行的。脱离特定的环境,培养活动将失去存在和发展的空间。第三,培养的主要方法是教育和训练。培养方法是达成培养目的的手段、影响培养成效的重要因素。培养的方法众多,教育和训练是主要方法。第四,培养的时间具有长期性。社会发展的要求、人类发展的需求总是处于不断变动之中,这就决定了培养的长期性。

立足高校辅导员、职业能力和培养的内涵,本书将高校辅导员职业能力培养界定为:培养主体根据培养目标,在环境因素的影响下,通过教育和训练提升高校辅导员职业能力的活动过程。理解这一内涵要把握以下要义:第一,高校辅导员职业能力培养有明确的目标。培养目标即高校辅导员职业能力培养所要达到的预期结果,它是培养的客观依据和内生动力。时下,高校辅导员职业能力培养的目标是:为时代新人的培育提供强有力的主体支撑。第二,高校辅导员职业能力培养主体具有多元性。培养主体是高校辅导员职业能力培养的承担者、组织者和实施者。高校辅导员职业能力培养主体具有多元性,包括不同性别、年龄、专业、职务、职称的组织和个人。第三,高校辅导员职业能力培养受外部环境的影响。环境是影响高校辅导员职业能力培养的外部因素。影响高校辅导员职业能力培养的外部因素既有经济、政治、文化、传媒等大环境,也有家庭、单位、社区、同辈群体等小环境;既有在现实生活直接影响高校辅导员职业能力培养的现实环境,也有在网络空间间接影响高校辅导员职业能力培养的虚拟环境;既有物质设施和物质条件等硬环境,也有党风、社会风气、校风等软环境①。第四,高校辅导员职业能力培养内容具有系统性。培养内容是高校辅导员职业能力培养目的和任务的具体化。工作角色多重性、工作职责多样性是高校辅导员的显著特点,这就决定了高校辅导员要做好大学生日常思想政治教育与管理工作,不能只具备某种单一的职业能力,而应综合具备多种职业能力。因此,高校辅导员职业能力培养内容具有系统性。参照《高等学校辅导员职业能

①张耀灿、郑永廷、吴潜涛、骆郁廷等:《现代思想政治教育学》,人民出版社,2006,第295—297页。

力标准(暂行)》,高校辅导员职业能力培养内容涵盖思想政治教育、党团和班级建设、学业指导、日常事务管理、心理健康教育与咨询、网络思想政治教育、危机事件应对、职业规划与就业指导、理论和实践研究等领域,具有系统性。第五,高校辅导员职业能力培养形式具有多样性。培养形式是高校辅导员职业能力培养的实现方式。教育和训练是提升高校辅导员职业能力的主要形式。教育和训练又分别包含了丰富的内容。教育有学校教育、社会教育、自我教育等形式。训练有社会调查、参观访问、挂职锻炼、岗位交流等形式。第六,高校辅导员职业能力培养是一个不断发展的过程。高校辅导员职业能力的提升是一个逐步推进的过程,因而,高校辅导员职业能力培养是一个不断发展的过程。

二、高校辅导员职业能力的主要构成要素

高校辅导员职业能力要素不是随意选择的,而是根据大学生思想政治教育的目的和任务以及高校辅导员的职业能力现状和发展需求确定的。大学生思想政治教育任务的多重性,高校辅导员职业能力现状及发展需求的多样性,决定了高校辅导员职业能力构成要素的丰富性。本书依据《标准》,从通用能力和专有能力两个维度解析高校辅导员职业能力的主要构成要素。

(一)通用能力

通用能力,是指开展一般实践活动所需具备的能力。它是人的能力结构中最基础的部分,直接影响着其他能力的形成和作用的发挥。高校辅导员应具备的通用能力种类甚多。按照“业务精”的培养目标,着眼于大学生思想政治教育实际工作的需要,本书重点分析高校辅导员的学习能力、表达能力、沟通能力、组织能力和协调能力。其中,学习能力在学习型社会的基础地位和重要作用决定了其成为通用能力的核心,其他通用能力是在此基础上的拓展和深化。

1.学习能力

学习能力是指高校辅导员掌握理论、知识和方法的能力。传道者首先

要明道[①]。高校辅导员要成为大学生健康成长路上的指导者，首先要努力学习大学生思想政治教育理论、知识和方法。高校辅导员应具备的学习能力包括：

(1)自主学习能力

自主学习能力是指高校辅导员根据大学生思想政治工作要求和自我发展需要，主动学习大学生思想政治教育理论、知识和方法的能力。面对思想活跃、视野开阔、创造力强的大学生，高校辅导员必须具备自主学习能力，能主动学习大学生思想政治教育专业知识和技能。高校辅导员应具备的自主学习能力具体包括：自学能力、自主选择能力和学习意志力[②]。也就是说，高校辅导员要能自觉确定学习目标和计划，独立选择学习内容和方法，坚持培育学习的恒心和毅力。

(2)全面学习能力

全面学习能力是指高校辅导员广泛涉猎知识的能力。当今社会是学习型社会，高校辅导员要成为大学生思想政治工作的"多面手"，就不能满足于对大学生思想政治工作经验的学习，而应突破传统经验的狭小范围，学习相关学科的基本原理和基础知识、思想政治教育专业理论和方法、马克思主义中国化理论和知识、大学生思想政治工作实务知识、相关法律法规等[③]。具体来说，高校辅导员的全面学习能力包括：信息获取整理能力、书本理解运用能力、知识继承借鉴能力、实践观察体验能力和人际交往学习能力等[④]。也就是说，高校辅导员要能获取、处理大学生思想政治教育信息，领悟、应用大学生思想政治教育理论知识，创造性转化、创新性发展已有知识，考察、体验大学生思想政治教育实践，在人际交往中向他人学习。高校辅导员提升全面学习能力应努力做到：在"黄金屋"中向书本学习、在"三人行"中向他人学习、在"鲜活的实践"中向生活学习。

---

①《习近平在全国高校思想政治工作会议上强调：把思想政治工作贯穿教育教学全过程 开创我国高等教育事业发展新局面》，《人民日报》，2016 年 12 月 9 日第 1 版。

②郑永廷等：《人的现代化理论与实践》，人民出版社，2006，第 466 页。

③《普通高等学校辅导员队伍建设规定》，http://old.moe.gov.cn/publicfiles/business/htmlfiles/moe/moe_621/201001/xxgk_81843.html，访问日期：2017 年 9 月 29 日。

④郑永廷等：《人的现代化理论与实践》，人民出版社，2006，第 466 页。

(3)创新学习能力

创新学习能力是指高校辅导员以求真务实为基点,运用创造性方法追求创新性学习成果的能力。加强和改进高校思想政治工作的基本原则之一就是坚持改革创新,推进理念思路、内容形式、方法手段创新,增强工作的时代感和实效性。高校辅导员要创造性地开展大学生思想政治工作,自身不能迷信权威、拘泥书本、墨守成规,不能满足于对已有知识的学习,而应该在学习中大胆提出新思路、新方法、新途径,努力成为大学生思想政治工作改革创新的先锋。高校辅导员应具备的创新学习能力具体包括:学习预测能力、知识转化能力、知识探究能力等[①]。也就是说,高校辅导员在学习中要主动预判知识走向,创造性转化已有知识,努力探究本质和规律。高校辅导员提升创新学习能力应努力做到:培养创新意识,充分认识创新学习的价值、必要性;养成创新思维,以新颖独特的方式开展创新性学习;激发创新动机,产生持续创新学习的理性自觉和思维定式;投身创新实践,在创新学习中提出新思路、新方法、新途径;铸造创新精神,铸就敢为人先的科学精神、开拓创新的进取意识、严谨求实的科研作风[②]。

(4)终身学习能力

终身学习能力是指高校辅导员为满足社会全面进步和个体全面发展的需要,终身求知、终身学习的能力。"吾生也有涯,而知也无涯。"在浩瀚的知识海洋中,学习不可能一蹴而就,积跬步才能至千里,积小流才能成江海。高校辅导员必须具备终身学习能力,以时不我待、只争朝夕的紧迫感持之以恒地加强大学生思想政治教育理论、知识和方法的学习。高校辅导员应具备的终身学习能力具体包括:学习更新能力和学习发展能力[③]。也就是说,高校辅导员既要更新知识也要创新理论。高校辅导员提升终身学习能力应努力做到:把学习当作一种习惯,站在建设学习型国家的战略高度,充分认识到终身学习的重要性;把学习视为生命之雨露,将其贯穿于成长成才的全

---

①郑永廷等:《人的现代化理论与实践》,人民出版社,2006,第 466 页。

②《中共教育部党组关于印发〈高校思想政治工作质量提升工程实施纲要〉的通知》,http://www.moe.gov.cn/srcsite/A12/s7060/201712/t20171206_320698.html,访问日期:2018 年 1 月 10 日。

③郑永廷等:《人的现代化理论与实践》,人民出版社,2006,第 466 页。

过程、工作生活的方方面面；把学习当作一种磨练，以孜孜不倦、水滴石穿的精神，博采人类知识精华。

2.教学能力①

教学能力是指高校辅导员凭借已有知识和技能，有效完成教学任务的能力。高校辅导员的双重身份决定了其不仅要做好大学生日常思想政治教育与管理工作，还要承担思想政治理论课教学工作。高校辅导员作为思想政治理论课师资队伍的重要组成部分，应具备过硬的教学能力，努力将思想政治理论课讲成大学生真心喜爱、终身受益的优秀课程。

(1)教学选择能力

教学选择能力是指高校辅导员选择思想政治理论课教学要素的能力。切实增强大学生对思想政治理论课的获得感，需要高校辅导员具备教学选择能力，能根据大学生思想政治教育目标、大学生思想动态及发展期待有效选择教学要素。高校辅导员的教学选择能力具体表现为：第一，教学目标选择能力。教学目标是教学本质的反映，不仅影响教学内容的确定、教学方法的选择，还为衡量教学效果提供了尺度。教学目标的选择是高校辅导员开展教学活动的起点。高校辅导员在选择教学目标时不能只关注理论知识的识记，还应重视大学生思想政治道德素质的整体提升；第二，教学内容选择能力。教学内容是教学目标的具体化。高校辅导员在选择教学内容时不仅要根据大学生思想政治教育目标、大学生思想动态及发展期待，还要立足社会现实，聚焦社会重大理论与现实问题；第三，教学方法选择能力。教学方法是教学的实现形式。高校辅导员要具备教学方法选择能力，以提升思想政治理论课的亲和力和针对性为主旨，推动传统教育方法与现代教学方法的融合。高校辅导员在选择教学方法时，要注重选择符合教学目的、服务教学内容、满足学生需求的教学方法；第四，教学手段选择能力。教学手段是呈现教学内容的工具，直接影响教学效果。高校辅导员要具备教学手段选择能力，能根据不同教学情境选择语言、文字、视听设备、多媒体技术等手段开展教学活动。高校辅导员在选择教学手段时，不能单纯追求标新立异，应

---

①费萍：《高校辅导员教学能力的要素解析——基于思想政治理论课“教师——辅导员结合”教学模式》，《西南科技大学高教研究》，2016年第2期，第46—47页。

以提高教学质量为旨趣。

(2)教学整合能力

教学整合能力是指高校辅导员整合思想政治理论课教学要素的能力。思想政治理论课教学蕴含目的、任务、内容、方法、手段、环境等多种要素。凝聚教学力量、强化工作合力,需要高校辅导员具备教学整合能力,能灵活、有效地整合教学要素。高校辅导员的教学整合能力具体包括:第一,教学目的整合能力。思想政治理论课教学目的不是单一的,而是一个有机体系,根据不同标准可以划分为不同类型和层次。高校辅导员应具备教学目的整合能力,能根据大学生思想动态及发展期待整合教学目的。高校辅导员在整合教学目的时应注意将不同类型、不同层次的目的统一起来;第二,教学任务整合能力。思想政治理论课教学目的的多类型和多层次特性决定了教学任务的多样性。从总体上看,思想政治理论课教学任务可分为根本任务和具体任务。根本任务是统帅,贯穿于教学全过程、全方位、各环节,具体任务是根本任务的多层次分解,是根本任务的具体化。思想政治理论课教学的根本任务具有一元性,但具体任务具有多元性。这就需要高校辅导员具备教学任务整合能力,能将根本任务和具体任务统一起来;第三,教学内容整合能力。高校辅导员应具备教学内容整合能力,能将作为主线的社会主义核心价值观和具体内容统一起来,并根据大学生的实际情况加以具体运用;第四,教学方法整合能力。思想政治理论课教学过程具有阶段性,不同阶段要采用不同方法。同时,思想政治理论课教学形式具有丰富性,不同形式也要采用不同方法。高校辅导员要具备教学方法整合能力,能将种类繁多、形式不一的方法统一起来;第五,教学手段整合能力。思想政治理论课的教学手段丰富多彩,高校辅导员应具备教学手段整合能力,能将传统教学手段与现代教学手段统一起来;第六,教学环境整合能力。教学环境蕴含多种要素,根据不同标准可划分为不同类型。高校辅导员应具备教学环境整合能力,不仅能有效优化既定环境,还能主动创设良好环境。

(3)课堂管理能力

课堂管理能力是指高校辅导员规范课堂行为、协调课堂关系、优化课堂环境的能力。思想政治理论课课堂教学中,高校辅导员的主要任务是对大学生进行系统的马克思主义理论教育。达成这一目的,需要有序的课堂秩序、和谐的师生关系、良好的课堂环境作保障。因此,高校辅导员应具备课堂管理能力,不仅能"教"好学生,也能"管"好课堂。高校辅导员的课堂管理能力具体包括:第一,课堂纪律管理能力。规范性是课堂教学有效性的表征之一。高校辅导员应具备课堂纪律管理能力,能依据学校的课堂行为准则规范学生的课堂行为,促使学生认真学习;第二,课堂人际关系管理能力。思想政治理论课教学活动总是在一定的社会关系中进行的。高校辅导员应具备课堂人际关系管理能力,能对课堂教学中的师生关系、同学关系进行有效管理,创设良好的师生关系、和谐的同学关系;第三,课堂环境管理能力。良好的课堂环境是教学活动顺利开展的重要因素。高校辅导员应具备课堂环境管理能力,能布置舒适的教学环境、创设融洽的学习氛围、培育积极的心理情境;第四,课堂突发事件应对能力。课堂教学中难免会发生一些意想不到的事件,高校辅导员应具备课堂突发事件应对能力,能运用一定的方法和手段及时、冷静、有效地处理课堂突发事件,尽快使课堂教学回归有序。

(4)实践教学能力

实践教学能力是指高校辅导员开展实践教学活动,引导大学生运用马克思主义立场、观点和方法认识、分析、解决实际问题的能力。大学生不仅要真学、真信、真懂马克思主义,还要真用马克思主义。实践教学能架起理论通向现实的桥梁。高校辅导员应具备实践教学能力,能将理论教育与实践相结合,引导学生在实践中受教育、长才干、做贡献。第一,丰富实践教学内容。高校辅导员在开展实践教学时首先要选择主旨鲜明的实践教学内容,实现思想理论教育和价值引领内容的具体化;第二,创新实践教学形式。高校辅导员开展实践教学活动时,既要深入开展社会调研、参观学习、生产实习、公益活动、志愿服务等传统实践教学经典项目,还要积极探索新时代实践教学精品项目;第三,整合实践教学资源。高校辅导员在开展实践教学时要调动一切可以调动的人力,利用一切可以利用的物力,挖掘一切可以挖掘的财力,在整合实践教学资源中打造实践育人协同机制;第四,拓展实践教学平台。高校辅导员在开展实践教学时要依托高新技术开发区、大学科技园、城市社区、农村乡镇、工矿企业、爱国主义教育场所等,形成形式多样的实践教学基地;第五,融合实践教学载体。高校辅导员应推动思想政治理论课实践教学与其他专业课实践教学、社会实践活动、志愿服务、创新创业教育等的融合,形成实践育人统筹推进的工作格局①。

(5)教学评价能力

教学评价能力是指高校辅导员根据教学目标对教学过程和结果进行价值判断的能力。教学评价是教学过程的重要环节,它能通过对学生"学"和教师"教"的价值判断,帮助教育者了解教学中的优势和不足,从而促进学生全面成才、教师专业化发展。高校辅导员的教学评价能力具体包括:第一,学生学业评价能力。"效为根本"是《高校思想政治理论课教学质量年专项工作总体方案》的基本原则。其强调将大学生对思想政治理论课的获得感作为评价教学成效的根本指标。高校辅导员要了解大学生对思政课的获得感,首先要对学生的学业进行全面、客观、真实的评价。高校辅导员在对学生学业进行评价时应努力做到两个统一,即知与行、德与才的统一。也就是说,高校辅导员在评价学生学业时既要评价学生的思想道德认知,又要评价学生的思想道德行为;既要评价学生的政治觉悟、思想水平、道德修养、文化素养,又要评价学生能否成为社会主义核心价值观的坚定信仰者、积极传播者、模范践行者;第二,自我教学评价能力。自我教学评价有助于高校辅导员了解教学中的得与失。高校辅导员要具备自我教学评价能力,能对自己在教学要素的组织、教学环节的设计、教学过程的掌控、教学环境的优化等方面进行客观评价。高校辅导员在进行自我教学评价时应努力做到宏观与微观、动态与静态、历史与现实的统一,既评价自我教学的整体效果,又评价自我教学的具体活动;既评价自我教学的发展态势,又评价自我教学的既有成效;既评价自我教学的原有水平,又评价自我教学的现实状态。

3.表达能力

表达能力是指高校辅导员在大学生思想政治教育中表达思想、阐发观念、抒发情感的能力。高校辅导员要做好大学生思想理论教育和价值引领

①《中共教育部党组关于印发〈高校思想政治工作质量提升工程实施纲要〉的通知》,http://www.moe.edu.cn/srcsite/A12/s7060/201712/t20171206_320698.html,访问日期:2017 年 12 月 29 日。

工作,应善于运用语言、文字、动作、表情等将自己的思想情感清晰、形象地表达出来。高校辅导员的表达能力具体包括:

(1)口头表达能力

口头表达能力是指高校辅导员通过口头语言表达思想情感的能力。口头表达能使思想感情的呈现直观化。谈心、讲话、座谈、讲座等面对面的交流是高校辅导员的重要工作方法。高校辅导员要在这些面对面的交流中取得理想的教育效果,需具备口头表达能力,能通过通俗的语言、生动的事例把核心思想浅显易懂地表达出来。高校辅导员的口头表达能力具体包括:观点鲜明,能做到是非清楚、褒贬明确;表达准确,能做到用词准确、语意明确;表述流畅,能做到吐字清楚、音量适中、声调抑扬顿挫;语言精炼,能做到简洁、不啰唆;逻辑严密,能做到条理清楚、文理连贯、层次分明;风格得体,能在不同场合、面对不同对象选择不同的表达方式;形式生动,能恰当运用比喻、排比、对偶、反复、设问、引用等修辞手法。

(2)文字表达能力

文字表达能力是指高校辅导员运用文字表达思想情感的能力。文字表达能使思想感情的呈现条理化。高校辅导员要实现从事务型、经验型向专业化、职业化的转变,不仅要能撰写计划、总结、通知、报告、演讲稿等,还要能将工作实践中的经验、体会、感悟、思考等通过文字的形式完整准确地表达出来。此外,高校辅导员开展科学研究也需要具备较强的文字表达能力。高校辅导员的文字表达能力具体包括:能用简明扼要的文字将复杂理论阐发清楚;能用形象生动的文字将情感情愫完美呈现。

(3)动作表达能力

动作表达能力是指高校辅导员运用身体动作表达思想情感的能力。动作表达能使思想情感的呈现形象化。面对思想活跃、情感丰富、个性张扬的大学生,高校辅导员需要具备动作表达能力,能通过手势、眼神、表情等身体语言向大学生传递思想观念和工作意图。高校辅导员的动作表达能力具体包括:能恰当选用形象生动的身体动作表达思想情感,能灵活运用与具体场景相匹配的身体动作表达思想情感,能言行一致地运用外部身体动作表达内在思想情感。

(4)形象表达能力

形象表达能力是指高校辅导员塑造良好形象教育引导大学生的能力。形象表达能使思想感情的呈现更具感染力。“身教重于言教。”高校辅导员要成为大学生成长成才的人生导师,自身需要塑造良好形象,以坚定的理想信念、高尚的道德情操、渊博的理论知识、精湛的专业技能等感染学生,让学生在潜移默化的形象教育中接受思想理论教育和价值引导。高校辅导员应具备的形象表达能力具体表征为:衣着得体、言谈得当、举止大方、精神饱满。

4.沟通能力

沟通能力是指高校辅导员在大学生思想政治教育中与他人沟通思想、交流情感、互通信息的能力。沟通是高校辅导员的基本功。对话式沟通,能够促使高校辅导员与大学生或其他教育主体之间相互理解、信任、尊重和支持,进入共同的认知领域。高校辅导员的沟通能力主要包括:

(1)与其他教育主体沟通的能力

与其他教育主体沟通的能力是指高校辅导员与其他教育主体沟通思想、交流情感、互通信息的能力。大学生思想政治教育要在改进中加强,所有教育主体都要守好一段渠、种好责任田,同心同德、同向同行,形成协同效应。“大学生思想政治教育工作队伍主体是学校党政干部和共青团干部,思想政治理论课和哲学社会科学课教师、辅导员和班主任”[①]。高校辅导员要做好大学生思想政治教育工作,既要按照学校党委部署有针对性地开展大学生思想政治教育,又要加强与共青团干部、思想政治理论课教师、哲学社会科学课教师和班主任的沟通,形成教育合力,构建综合教育格局。高校辅导员与其他教育主体沟通的方式主要有工作汇报、专题座谈、经验交流等。工作汇报是指高校辅导员向上级领导和职能部门汇报工作开展情况,以获得他们的指导和支持;专题座谈是指通过召开主题明确的座谈会,促进高校辅导员与其他教育主体的信息沟通,以形成教育合力,携手解决问题;经验交流是指高校辅导员与其他教育主体交流工作心得、体会、感受和思考,以

---

①教育部思想政治工作司组编《加强和改进大学生思想政治教育重要文献选编(1978—2008)》,中国人民大学出版社,2008,第381页。

深化对大学生思想政治教育的情感认同和规律把握。与其他教育主体沟通时,高校辅导员应做到虚怀若谷。因为高校辅导员与其他教育主体的目的都是促进大学生健康成长、全面发展。对工作中的不同意见和主张,高校辅导员应本着求同存异的态度虚心接受,不可独断专行、刚愎自用。

(2)与大学生沟通的能力

与大学生沟通的能力是指高校辅导员与大学生沟通思想、交流情感、互通信息的能力。思想政治工作从根本上说是做人的工作,必须围绕学生、关照学生、服务学生[①]。高校辅导员要真正成为大学生的人生导师和知心朋友,需要在民主、平等、和谐的氛围中与大学生沟通,从而全面了解大学生的思想动态及发展期待。高校辅导员与大学生沟通的主要方式是谈话和倾听。谈话是最直接的沟通方式。在面对面的谈话中,高校辅导员能直接了解大学生的思想动态,大学生也可以把自己的思想困惑或发展需求直接告诉高校辅导员。高校辅导员与学生谈话前要做好准备工作,针对要解答和解决的思想困惑确定谈话主题、草拟谈话提纲、选择合适时机和场所。谈话中,高校辅导员还应选择合适的切入点,避免学生因反感而产生抵触情绪。倾听是高校辅导员与大学生进行有效沟通的重要形式。通过倾听,高校辅导员不仅能增进对大学生的了解,还能在思想上与大学生达成同步,在情感上与大学生产生共鸣。高校辅导员要善于做大学生的倾听者,耐心倾听他们的心声,对他们的倾诉给出自己的判断和建议。不论是谈话还是倾听,高校辅导员都要对学生倾诉的内容予以保密,要尊重学生的隐私权。在与大学生沟通时,高校辅导员应努力做到尊重、耐心、真诚、有针对性。尊重要求双方人格平等。大学生是人格独立的个体。高校辅导员在与他们沟通时,要尊重他们的人格。耐心要求高校辅导员在倾听大学生述说时要不厌其烦,学会理解和接纳他们。大学生思想问题的解决不是一蹴而就的,而是一个长抓不懈的过程。高校辅导员只有与大学生多次沟通,才能切实解决他们的思想问题。真诚要求高校辅导员在与大学生沟通时要诚恳。成长中的大学生在思想认识、价值取向、学习生活、择业交友上难免会有迷茫和困惑。

---

①《习近平在全国高校思想政治工作会议上强调:把思想政治工作贯穿教育教学全过程 开创我国高等教育事业发展新局面》,《人民日报》,2016年12月9日第1版。

高校辅导员与他们沟通时应做到真诚相待，让他们感受到关爱和温暖，他们才愿意将潜藏于内心深处的困惑倾诉出来。有针对性要求高校辅导员在面对不同的教育对象时应选择不同的沟通方式。高校辅导员的工作对象是个体差异性较大的大学生。高校辅导员在与他们沟通时，应针对他们的思想动态及发展期待有的放矢地进行。

5.组织能力[①]

组织能力是指高校辅导员根据教育目标和任务，在大学生思想政治教育中组织育人力量和资源的能力。面对繁重的工作任务、众多的工作头绪、人数庞大的工作对象，高校辅导员要具备较强的组织能力，才能顺利开展教育引导工作。高校辅导员应具备的组织能力主要包括：

(1)教育力量组织能力

教育力量组织能力是指高校辅导员充分组织各种教育力量，齐心协力做好大学生思想政治工作的能力。高校所有教育主体都肩负着育人的使命与职责，都应该守好一段渠、种好责任田，同向同行、共同发力。高校辅导员作为大学生思想政治工作的骨干力量，要能充分组织各种教育力量齐心协力对大学生进行教育引导。高校辅导员可以组织的教育力量有：党政领导、学生工作部门、其他职能部门、思想政治理论课教师、班主任、专业课教师、学生党员和干部、专业课教师等。学校和学院党政领导是大学生思想政治教育的双重领导者，高校辅导员需要得到他们的宏观指导和总体支持；学生工作部门是专门负责大学生思想政治工作的职能部门，高校辅导员需要得到部门人员的具体指导和切实支持；其他职能部门通过管理育人、服务育人助推大学生思想政治教育目标的达成，高校辅导员需要和他们同心协力；思想政治理论课教师是课堂教学的主力，高校辅导员需要和他们并肩作战；班主任能在思想认识、价值取向、学习生活、择业交友等方面为大学生提供具体指导，高校辅导员需要和他们携手同行；学生党员和干部是开展大学生思想政治教育的得力助手，高校辅导员需要发挥好他们的桥梁纽带作用；专业课教师担负着育人的光荣使命与崇高职责，在“育智”的同时还要“育德”“育

---

①费萍：《高校辅导员组织协调能力要素解析》，《湖南省社会主义学院学报》2016 年第 2 期，第 81—82 页。

心”，高校辅导员需要和他们通力合作。

(2)教育资源组织能力

教育资源组织能力是指高校辅导员开发利用大学生思想政治教育资源的能力。教育资源是大学生思想政治教育顺利开展的必备要素。组织好教育资源不仅能实现教育资源本身的效益最大化和可持续发展，还能切实增强教育实效性。高校辅导员应具备的教育资源组织能力具体包括：第一，教育资源开发能力。资源的有限性决定了资源开发的必要性和重要性。高校辅导员要具备教育资源开发能力，既能开发潜在资源又能开发现有资源的其他功能，既能开发传统资源又能开发现代资源；第二，教育资源运用能力。资源开发的目的是有效运用。高校辅导员要具备教育资源运用能力，能合理、充分、高效、可持续地将教育资源投放到教育活动中，使其物尽其用、人尽其才；第三，教育资源建设能力。高校辅导员需具备教育资源建设能力，能有效整合各类型、各层次的教育资源，建立教育资源共享库，确保教育资源的可持续发展；第四，教育资源配置能力。有效配置资源能实现效果的最优化和效益的最大化。高校辅导员要具备教育资源配置能力，能综合配置不同类型、不同层次的教育资源，既增加“量”又提升“质”，既综合协调内部资源又合理协调内部资源与外部资源的关系，避免重复建设和过渡浪费。

(3)教育活动组织能力

教育活动组织能力是指高校辅导员组织教育活动以提升大学生思想政治道德素质的能力。大学校园里，自主、灵活、生动的教育活动已然成为思想活跃、兴趣广泛的大学生青睐的教育形式。高校辅导员应具备教育活动组织能力，能深入挖掘各类教育活动蕴含的思想政治教育元素和功能，量身定制活动，组织大学生积极参加，促使大学生在喜闻乐见的教育活动中成长成才。高校辅导员的教育活动组织能力具体包括：第一，方案制订能力。方案制订是教育活动的起始环节，直接影响整个教育活动的运行。高校辅导员应具备活动方案制订能力，能制订出各种活动方案并从中优选最佳方案；第二，活动实施能力。活动实施是教育活动的中心环节。高校辅导员在活动实施阶段的主要任务，就是组织大学生将活动方案运用于实践，开展具体的教育活动；第三，活动评估能力。教育活动的最终目的是促使大学生成长成才。这一目的是否达成，需要对活动进行评估。高校辅导员应具备活动评估能力，能依据教育活动的目的和任务，运用统计分析法对教育活动的过程及实际效果进行评估。评估内容包括目的是否达到、内容是否科学、方法是否妥帖、效果是否显著等[①]。

6.协调能力[②]

协调能力是指高校辅导员协调大学生思想政治工作和人际关系的能力。在全员育人、全程育人、全方位育人的综合格局中，高校辅导员必须具备协调能力，才能构建协同育人体系。高校辅导员的协调能力包括：

（1）工作协调能力

工作协调能力是指高校辅导员协调大学生思想政治工作与高校其他工作的能力。大学生思想政治工作既是一个相对独立的系统，又是高校教育教学工作系统中的一个子系统。作为一个相对独立的系统时，它由教育主体、客体、介体、环体等要素及各要素之间的相互关系组成。这些要素及相互关系是否协调匹配，直接关涉着大学生思想政治教育整体功能的发挥。高校辅导员要能协调好大学生思想政治工作中的各要素间的关系，使其发挥协同作用。大学生思想政治工作作为相对独立的系统，不是自我封闭式的，而是与其他系统纵横交错。高校辅导员要擅于打破工作上的“孤岛效应”，协调好大学生思想政治工作与高校教育教学系统中其他子系统间的关系，形成“共振效应”[③]。第一，协调好其与教学工作的关系。高校辅导员的双重身份决定了他们既是大学生思想政治教育主阵地的骨干力量，也是大学生思想政治教育主渠道的重要力量。这就需要高校辅导员能协调好日常思想政治工作与课堂理论教学的关系。此外，高校所有课程都具有育人功能。这就需要高校辅导员能协调好“思政课程”与“课程思政”的关系，充分挖掘专业课程中蕴含的思想政治教育要素并发挥其承载的思想政治教育功

---

①张耀灿、郑永廷、吴潜涛、骆郁廷等：《现代思想政治教育学》，人民出版社，2006，第338—347页。

②费萍：《高校辅导员组织协调能力要素解析》，《湖南省社会主义学院学报》2016年第2期，第82—83页。

③周琪：《研究现状·时空境遇·创新内涵——我国大学生思想政治教育创新三十年研究综述》，《西南大学学报（社会科学版）》2008年第6期，第115页。

能;第二,协调好其与管理工作的关系。管理部门通过制定、实施规章制度,促使大学生养成良好的行为习惯。这就需要高校辅导员协调好大学生思政工作与管理工作的关系,既努力争取管理部门对学生工作的支持,又协助管理部门传播学校制度文化,帮助学生了解学校规章制度,在规范严格的管理与润物无声的教育中实现育人的目的;第三,协调好其与服务工作的关系。服务部门通过提供优质高效的服务促进大学生成长成才。这就需要高校辅导员协调好大学生思政工作与服务工作的关系,在关心人、帮助人的优质服务中教育人、引导人;第四,协调好其与科研工作的关系。高校辅导员要实现事务型向专家型教师的转变,需加强对大学生思想政治教育本质和规律的科学研究。与之同时,要把大学生培养成创新型人才,高校辅导员应鼓励带动大学生参加科学研究,培养他们开拓进取的创新意识、敢为人先的冒险精神、严谨求实的科研作风。

(2)人际关系处理能力

人际关系处理能力是指高校辅导员在大学生思想政治工作中外理人际关系的能力。高校辅导员工作是在与他人的交流沟通中进行的。这就需要高校辅导员具备人际关系处理能力,能建立起促进大学生思想政治工作顺利开展的和谐人际关系。高校辅导员的人际关系处理能力具体包括:第一,能处理好与领导的关系。教育部第 43 号令指出,高校辅导员实行学校和院(系)双重管理。根据这一规定,高校辅导员既要接受学校党政领导的宏观领导,也要接受所在院(系)的直接领导。高校辅导员要能协调与他们之间的关系,以便工作的顺利开展;第二,能处理好与学生工作部门的关系。学生工作部门是大学生日常思想政治教育和管理工作的具体负责部门,也是学校管理辅导员队伍的主要职能部门。高校辅导员要能处理好与学生工作部门及其工作人员的关系,以便工作的顺利开展;第三,能处理好与其他职能部门的关系。高校所有职能部门都具有育人功能。高校辅导员要能处理好与其他职能部门及其工作人员的关系,充分挖掘其他职能部门的育人要素,完善育人机制,切实构建课程、科研、实践、文化、网络、心理、管理、服务、资助、组织等育人体系[①];第四,能处理好与其他思想政治教育主体的关系。高校辅导员与其他思想政治教育主体之间是一种分工协作的关系。高校辅导员要能处理好与他们之间的关系,凝聚教育合力;第五,能处理好与专业课教师的关系。高校所有教师都负有育人职责。高校辅导员要能处理好与专业课教师的关系,形成综合教育力量;第五,能处理好与大学生的关系。在大学生思想政治教育中,高校辅导员与大学生分别是教育的主体和客体,二者之间是对立统一的关系。高校辅导员想要顺利完成教育任务,就要处理好与大学生之间的关系。

(二)专业能力

专业能力是指胜任某种职业必须具备的能力。角色的多重性、工作的多元性、职责的多样性决定了高校辅导员应具备多种多样的专业能力。本书根据《高等学校辅导员职业能力标准(暂行)》和教育部43号令,从教育引导、发展指导、事务管理、科学研究等方面解析高校辅导员专业能力构成。

1.教育引导能力

教育引导能力是指高校辅导员根据一定的社会思想政治道德要求和大学生的思想政治道德现状,对大学生施加教育引导,促使大学生形成符合社会发展要求的思想政治品德的能力。高校辅导员的工作主要包括:教育引导、事务管理和发展指导。其中,教育引导是核心。高校辅导员只有聚焦理想信念、突出价值引领,才能完成立德树人的根本任务。高校辅导员应具备的教育引导能力主要包括:

(1)思想理论教育引导能力

思想理论教育是高校辅导员的首要工作职责。高校辅导员对大学生进行思想理论教育,关键是要用马克思列宁主义、毛泽东思想、邓小平理论、“三个代表”重要思想、科学发展观、习近平新时代中国特色社会主义思想武装大学生头脑,引导大学生认识和掌握人类社会的发展规律,提高大学生认识世界和改造世界的能力。为达成这一目的,高校辅导员应具备的思想理

---

①《中共教育部党组关于印发〈高校思想政治工作质量提升工程实施纲要〉的通知》,http://www.moe.gov.cn/srcsite/A12/s7060/201712/t20171206_320698.html,访问日期:2018年1月5日。

论教育引导能力具体如下：教育大学生树立辩证唯物主义和历史唯物主义观念，以及竞争、人才、信息、时效、创新等反映时代特征的思想观念；引导大学生坚持解放思想、实事求是、与时俱进；引导大学生形成开放性的思维方式；教育大学生养成实事求是、严于律己、艰苦奋斗、开拓进取的作风；准确把握大学生的思想行为特点和思想政治状况，有针对性地帮助他们解决好思想认识、价值取向方面的问题。

(2)理想信念教育引导能力

习近平总书记曾形象地将理想信念比喻成人精神上的“钙”，没有理想信念，理想信念不坚定，精神上就会“缺钙”，就会得“软骨病”。这句话生动诠释了坚定的理想和信念对人的重要性。大学生正处于理想信念形成和确立的关键时期。远大理想和崇高信念是大学生健康成长、全面发展的精神支柱和前进的动力。当前，受国际国内消极因素的影响，部分大学生不同程度地存在着理想缺失、信念迷茫的问题，为困难所扰、矛盾所惑、利益所诱。高校辅导员作为大学生的人生导师，要具备理想信念教育引导能力，为学生点亮理想的灯，激励他们树立崇高的理想信念，争做新时代的奋进者和开拓者。高校辅导员的理想信念教育引导能力具体包括：教育大学生充分认识到自身肩负着建设中国特色社会主义、实现中华民族伟大复兴的时代重任；引导大学生确立马克思主义科学信仰，争做坚定的青年马克思主义者；教育大学生正确认识人类社会发展规律，正确认识国家前途和民族命运，确立在中国共产党领导下走中国特色社会主义、实现中华民族伟大复兴的共同理想，在实现中国梦的生动实践中放飞青春梦想，在为人民利益的不懈奋斗中书写人生华章①。

(3)道德规范教育引导能力

“国无德不兴，人无德不立。”良好的道德是一个人的立身之本。大学生正处于个体道德意识形成和发展的关键时期。近几年的大学生思想政治状况滚动调查显示，当代大学生提升道德素养的意识不断加强。但大学生中仍然存在道德困惑、道德滑坡甚至道德失范现象。这些问题在引发人们对

①《决胜全面建成小康社会 夺取新时代中国特色社会主义伟大胜利——在中国共产党第十九次全国代表大会上的报告》，《光明日报》，2017年10月28日。

高等教育反思的同时，也引起了社会对大学生道德教育的关注。加强大学生道德教育已成为必然趋势。高校辅导员担负着对大学生进行道德教育的职责，要能引导大学生踏踏实实修好品德，争做有大爱大德大情怀的时代新人。大学生道德教育的本质是道德规范养成教育。因此，高校辅导员在对大学生进行道德教育时，不仅要教育大学生认知道德规范，而且要引导大学生内化道德规范，将之外化于行为表现并在行为的多次反复中养成良好的道德行为习惯。高校辅导员的道德规范教育引导能力具体表现为：教育引导大学生内化道德规范，形成道德观念，践行道德要求，养成道德习惯。为此，高校辅导员要以社会主义核心价值观为引领，以为人民服务为核心，以集体主义为原则，以诚实守信为重点，对大学生进行社会公德、职业道德、家庭美德和个人品德教育，激励他们崇德向善。道德规范教育引导中，高校辅导员要紧密结合大学生的学习生活实际，引导他们积极投身崇德向善、见贤思齐的道德实践。例如，教育他们在学习研究中遵守学术道德规范、校园生活中遵守校规校纪、网络生活中遵守网络规范、公共生活中遵守社会公德、职业生活中遵守职业道德、家庭生活中遵守家庭美德等。

2.发展指导能力

发展指导能力是指高校辅导员对大学生全面发展给予指导的能力。为大学生学业发展、心理健康发展、职业生涯发展等方面提供指导是高校辅导员的重要工作职责。这就需要高校辅导员具备发展指导能力，为大学生全面发展提供正确指导。高校辅导员的发展指导能力具体包括：

(1)学业指导能力

“少而好学，如日出之阳。”大学生应把学习作为首要任务，心无旁骛地求知问学，丰富学识。高校辅导员虽不直接向大学生传授专业理论知识，但肩负着指导大学生学业的重要职责。

第一，指导大学生树立正确的学习理念。高校辅导员作为大学生的学业指导者，首先要指导大学生树立正确的学习理念：a.指导大学生树立自主学习理念。高校辅导员要指导大学生根据社会发展需要和专业要求，合理确定学习目标，自觉安排学习时间，主动学习相关知识；b.指导大学生树立全面学习理念。高校辅导员要指导大学生既学习知识又掌握方法，既学习做事又学习做人，既向书本学又向实践学，既向老师学又向同辈学；c.指导大学生树立创新学习理念。高校辅导员要鼓励大学生积极参与课外科技学术活动或专业课教师的科研项目，培养大学生的学术爱好、创新思维；d.指导大学生树立终身学习理念。高校辅导员要指导大学生树立终身求知的理念，在大学阶段学好基础知识和专业知识，为将来的成长成才打好基础。

第二，指导大学生科学制订学习目标。学习目标能指明方向，增添动力、检验成效。高校辅导员作为大学生的学业指导者，要能分类指导不同学生科学制订学习目标：a.指导大学生了解社会发展的客观要求。大学生要取得学业上的进步，成长为担当民族复兴大任的时代新人，必须了解社会发展的客观要求，并以此为据确定学习目标；b.指导大学生掌握专业培养计划、专业发展前景，增强专业认同和学习热情；c.指导大学生客观、全面、真实地分析“现在的我”的学习状况，包括知识储备、知识结构、学习能力、学习条件、学习环境等；d.指导大学生根据社会发展的客观要求、专业培养任务和自身基本情况确立远大学习目标，并将远大学习目标多层次分解为具体学习目标，通过一个个具体学习目标的达成，一步步向远大学习目标迈进①。

第三，指导大学生端正学习态度。学习态度是大学生对学习表现出来的心理倾向。当前大学生中存在的不思进取、敷衍了事、怕苦怕累、旷课迟到等问题主要缘于学习态度不端正。高校辅导员要能及时发现并端正大学生的错误学习态度。高校辅导员指导大学生端正学习态度表现为：a.指导大学生认识到学习型社会学习的重要性以及学习与自身成长成才的关联性；b.激发大学生的学习兴趣，引导他们对学习产生积极的情感体验，做到乐学爱学；c.加强挫折教育，通过侧面了解、谈心谈话等方式帮助大学生分析学习中遇到的困难和挫折，鼓励他们勇敢面对、勇往直前；d.引导大学生摒弃急功近利和“分数决定一切”的学习态度，注重综合素质的提升。高校辅导员在指导大学生端正学习态度时，要重点关注学困生，帮助他们正确认知学习，激发学习兴趣，掌握学习方法，尽快适应大学生活。

第四，学风建设。优良学风是一种无形的教育力量，有助于大学生习得知识、增长才干，培养社会责任感、创新精神和实践能力。高校辅导员要具

---

①陈万柏、张耀灿主编《思想政治教育学原理》，高等教育出版社，2007，第 73 页。

备学风建设能力，为大学生营造一个浓厚的学习氛围，促使他们全身心投入学习。高校辅导员的学风建设能力表现为：a.营造勤奋的学风。高校辅导员要指导大学生发奋努力、锲而不舍，努力成长为对国家有用的人才；b.营造严谨的学风。高校辅导员要指导大学生养成认真负责、一丝不苟的品质，坚决抵制急功近利的浮躁之风和违反学术道德的不良之风；c.营造求实的学风。高校辅导员要指导大学生求真务实、脚踏实地，不贪图虚名、弄虚作假；d.营造创新的学风。高校辅导员要指导大学生进行创造性学习和探索，自觉培养创新意识、创新思维、创新能力和创新精神，努力成为研究型、创新型人才①。

(2)心理健康发展指导能力

处于人生成长期的大学生因个体认知和经验阅历的局限，会面临环境适应、学习成才、择业交友、健康生活等方面的问题。部分大学生因缺乏心理调适能力和心理承受能力产生了严重的心理问题，有的甚至做出了极端行为。高校辅导员要具备心理健康发展指导能力，坚持育德与育心相结合，加强人文关怀和心理疏导，着力培养大学生理性平和、积极向上的心态。高校辅导员的心理健康发展指导能力主要包括：

第一，心理健康知识宣传能力。大学生心理健康发展的起点是对心理健康知识的正确认知。大学生只有掌握了心理健康知识，树立了心理健康意识，才能从根本上提升心理健康素质。高校辅导员要具备心理健康知识宣传能力，做好大学生心理健康知识的宣传普及工作，引导他们认识到心理健康对成长成才的重要性，增强对自我心理健康的关注，自觉树立心理健康意识。高校辅导员在宣传心理健康知识时可充分利用学校广播、校刊校报、橱窗、板报、图片展、心理电影、心理沙龙、心理讲座、网络等宣传媒介，多渠道、全方位、宽领域地开展心理健康知识宣传，切实帮助大学生掌握心理健康标准、心理活动特点及规律。

第二，心理辅导能力。高校辅导员与大学生接触最为频繁密切，容易得到他们的信任。大学生思想政治状况滚动调查中也有学生说过，“辅导员与

---

①《思想道德修养与法律基础》编写组编《思想道德修养与法律基础》，高等教育出版社，2013，第4—5页。

我交流最多，没有代沟，帮我解决了很多学业、思想和生活上的难题”，“辅导员是我最信赖的老师，有了困难，我总是第一个给他打电话”①。从中可以看出辅导员在学生心目中的地位和作用，也给我们透露了一个教育信息：当大学生存在心理不适或障碍时，愿意向辅导员倾诉并寻求心理慰藉和解决措施。因此，高校辅导员需要具备心理辅导能力，能通过团体辅导、个别辅导、书信咨询、电话咨询、网络咨询等形式解答学生心理上的疑惑，引导他们全面客观地认识自己、社会以及自我与社会的关系，帮助他们克服焦虑、紧张、痛苦、悲观等不良情绪。高校辅导员可协助学校心理健康教育机构对大学生开展心理筛查，了解一般特点，熟悉常见问题。对一般的心理困惑，能通过倾听、共情等形式进行调试。对有心理障碍或心理疾病的学生，能初步识别、综合评估。对情况较为严重的学生，能依据学校心理咨询中心或精神卫生医院的相关要求和程序进行转介，并协助专业人士开展心理危机干预、预后和跟踪回访。

第三，心理健康教育活动组织能力。实践活动是最好的教育形式。健康优质的心理健康教育活动能够在轻松愉悦的氛围中培养学生的自我救助能力和朋辈互助能力。高校辅导员的心理健康教育活动组织能力具体表现为：a.活动方案制订能力。高校辅导员要能根据大学生心理健康发展需求及心理健康实际状况，遵循一定的原则和程序，拟订出各种心理健康教育活动方案并从中优选出最佳方案；b.活动方案实施能力。高校辅导员要能将心理健康教育活动方案付诸实践，对大学生实施教育引导，促使大学生在心理健康教育活动中发展进步；c.活动方案评估能力。高校辅导员要能根据心理健康教育活动的目的，运用统计分析方法，对活动的过程及其实际效果进行评估。评估内容包括心理健康教育活动的目的是否达成、内容是否科学、方法是否恰当、效果是否显著等。

(3)职业规划与就业指导能力

就业是民生之本。大学生就业不仅关系到大学生的前途命运，关系到高等教育能否实现可持续发展，更关系到家庭的稳定和社会的和谐。高校

---

①《二〇一六年大学生思想政治状况滚动调查结果公布》，http://www.wenming.cn/xj_pd/ssrd/201607/t20160718_3533178.shtml，访问日期：2018年1月8日。

辅导员要具备职业规划与就业指导能力，能切实为大学生提供高效优质的就业指导和信息服务。

第一，职业生涯规划指导能力。“凡事预则立，不预则废。”职业生涯规划是职业生活的起点。是否有一个全面系统的职业生涯规划，直接关涉大学生职业生活的成败。大学生应积极进行职业生涯规划，较早确立职业目标并为之奋斗。但是，大学生在职业生涯规划中容易出现以下问题：过高或过低地评估自己的职业能力；不能全面客观地分析社会对人才的需求；过多地关注职业是否满足自己的需要，忽略了自身具备的素质是否满足职业要求；职业准备较为被动；等。高校辅导员作为大学生职业生涯的规划导师，要能为大学生提供科学的职业生涯规划意见，帮助大学生开展职业能力倾向测试并对结果进行分析、评估，使其全面掌握当前的就业形势和国家的就业政策，准确认识自身的性格特点和能力现状，在此基础上规划职业生涯，明确职业发展目标。

第二，就业课程教学能力。就业指导课是大学生的必修课。该课程能为大学生提供高效优质的就业指导和信息服务。高校辅导员作为大学生就业指导课的重要教育主体，需具备就业课程教学能力，能充分利用就业指导课，帮助大学生准确了解国家的就业政策和当前的就业形势，指导大学生开展职业倾向测试并对测试结果进行分析评估，对大学生开展职业理想、职业意识、职业道德、职业价值取向教育，引导大学生端正就业态度、掌握求职技巧。

第三，择业指导能力。择业是人生中的重要课题。可以说，职业的选择，就是人生发展道路的选择。如果一个人能够选择一份既与自己的兴趣、爱好、特长、能力相符，又满足社会发展需要的职业，他将获得强大的内生动力，从而在职业生涯中不断奋发向上。随着高校就业体制的改革，大学生择业观处于一个新旧交替时期。当前大学生在择业上存在着职业选择被动、期望值过高、过于看重个人兴趣和意愿、方向不明确等问题。帮助大学生摆脱错误的择业观，树立正确的择业观，是高校辅导员择业指导的重要内容。高校辅导员要具备择业指导能力，能从就业政策、就业形势、就业信息、求职技巧、职业倾向等方面为大学生择业提供个性化的咨询指导，帮助他们树立正确的择业观，引导他们到基层，到西部，到祖国最需要的地方去建功立业。

第四，创业指导能力。就业形势的严峻和就业压力的增大，使得部分大学生选择了自主创业来实现就业。自主创业作为一种新兴择业方式，不仅能缓解当前大学生就业难的问题，还能促进社会的发展进步。大学生有着自主创业的优势，他们接受过系统的专业学习，视野开阔、思维敏锐、积极进取。但由于大学生社会阅历较浅、抗挫折能力较弱，在创业中遭遇困境时往往不知所措。针对这一现状，高校辅导员应具备创业指导能力，能为渴望创业的大学生提供创业指导，引导他们强化创业意识，掌握创业知识，锤炼创业能力，磨练创业意志。

(4)网络思想政治教育能力

大力推进校园网络教育，要求建强网络队伍，着力培育一批导向正确、影响力广的网络名师①。高校辅导员作为校园网络文化健康有序发展的现实推进者，应努力成为网络名师，着力提升网络思想政治教育能力，真正让网络思想政治教育成为学生喜欢吃、能吸收的“营养大餐”②。

第一，网络信息处理能力。高校辅导员要占领网络新阵地，首先要具备网络信息处理能力，能熟练使用互联网处理相关信息。高校辅导员的网络信息处理能力具体包括：网络信息甄别能力、网络信息发布能力、网络信息获取能力、网络信息分析能力和网络信息交流能力。网络信息甄别能力要求高校辅导员能对纷繁芜杂的网络信息进行真伪、优劣鉴别；网络信息发布能力要求高校辅导员能通过网络平台发布相关信息，吸引学生点击、浏览、评论；网络信息获取能力要求高校辅导员能通过网络获取与大学生思想政治教育相关的信息；网络信息分析能力要求高校辅导员能运用去粗取精、去伪存真、由此及彼、由表及里的方法探究网络信息蕴含的本质及其内在联系。

第二，网上互动交流能力。大学生既渴望发展成才，又有较强的自尊心。他们既想向老师倾诉自己遇到的问题，但碍于面子又不愿与老师进行面对面的交流。网上互动交流是大学生青睐的沟通方式，它能拉近高校辅

①《关于进一步加强和改进新形势下高校宣传思想工作的意见》，《人民日报》，2015 年 1 月 20 日。

②《教育部思想政治工作司司长张东刚：让网络思想政治教育成为大学生喜欢吃、能吸收的“营养大餐”》，http://www.moe.gov.cn/s78/A12/moe_1168/201701/t20170122_295561.html，访问日期：2018 年 2 月 1 日。

导员与大学生之间的情感距离。高校辅导员要具备网上互动交流的能力，能运用"网言网语"，通过主题教育网站、学生互动社区、博客、微博、微信、飞信、QQ、BBS等媒介，与大学生交流思想、学习、生活、就业、心理上的问题，对他们进行思想引导、学习指导、生活辅导、心理咨询等。

第三，网络行为规范能力。随着互联网的快速发展，大学生网络异常行为时有发生。高校辅导员要具备网络行为规范能力，教育引导大学生文明、健康上网，争做净化网络空间的校园好网民。高校辅导员的网络行为规范能力具体表现为：a.教育大学生正确使用网络。网络上内容庞杂，信息良莠不齐。大学生既可以利用网络获取正确信息，也可能对网络虚拟世界里的虚假、低俗、淫秽、暴力甚至反动信息缺乏辨别力。高校辅导员要教育大学生正确使用网络，不浏览、下载、传播、制作不良网络信息；b.引导大学生进行健康的网络交往。现代社会，网络已成为大学生人际交往的重要形式。高校辅导员要引导大学生进行健康有益的网络人际交往，诚实无欺，不侮辱、诽谤他人；c.教育大学生增强网络安全意识。大学生比较单纯，社会阅历也不足，容易轻信他人。高校辅导员要教育大学生增强网络安全意识，不随意约会网友，不轻信网络虚假信息、反动报道和过激言论，了解网络欺诈的方法和手段；d.教育大学生养成网络自律精神。有的大学生因缺乏自律意识，沉迷于网络世界不能自拔。这不仅会影响身心健康、影响学业，甚至会引发犯罪。高校辅导员要培养大学生的自律意识，引导他们理性上网，帮助网络成瘾学生摆脱网络依赖；e.教育大学生自觉遵守网络法规。高校辅导员要通过深入细致的网络法制教育，纠正大学生的网络异常行为，促使大学生提升网络素养。

第四，网络舆情研判与引导能力。网络舆情是大学生思想动态的"晴雨表"。做好高校网络舆情工作，要求建设一支思想政治觉悟高、理论功底扎实、职业能力过硬的网络舆情引导队伍。其中，辅导员是做好高校网络舆情工作的基层骨干力量。高校辅导员要具备网络舆情研判与引导能力，能通过各种渠道收集网络舆情信息，从中研判学生的思想动态，以敏锐思维、敏捷行动迅速把握一些苗头性、倾向性、群体性问题；能及时对收集到的网络舆情信息进行分类分级，研判网络舆情的影响、性质、范围、程度；能预测网络舆情发展趋势，及时干预可能或已经造成不良后果的网络舆情，综合运用传统媒体和网络媒体、线上引导和线下引导相结合的方式对网络舆情进行引导[①]。

3.事务管理能力

事务管理能力是指高校辅导员对大学生日常事务进行有效管理的能力。高校辅导员工作中，日常事务管理最为繁琐具体，与大学生的切身利益息息相关。高校辅导员应具备的事务管理能力主要包括：

(1)党团和班级建设能力

推动大学生党团建设，迫切需要加强高校辅导员队伍建设，提升高校辅导员的党团建设能力[②]。高校辅导员的党团建设能力表现为：第一，团建能力。做好共青团工作是高校辅导员的职责。高校辅导员要充分发挥团组织在组织青年、引导青年、服务青年和维护青年权益中的作用[③]。团组织建设中，高校辅导员要重点做好共青团员推优入党工作，制订推优入党计划、开展推优入党培训、确定发展对象、协助党组织做好发展对象考察工作。此外，高校辅导员要上好团课、组织好团会、做好团员教育管理服务工作等。第二，党建能力。做好学生党建工作是高校辅导员的重要职责。高校辅导员的党建能力主要包括：其一，能做好入党积极分子的培养教育工作。高校辅导员要做好入党积极分子的培养工作，坚持早发现、早培养，有计划有步骤地将政治立场坚定、思想觉悟高的优秀学生吸收到党员队伍中来。同时，高校辅导员要做好入党积极分子的教育工作，突出思想入党和价值引领。其二，能做好学生党员发展工作和教育管理服务工作。高校辅导员要做好学生党员发展工作，严把发展标准、坚持发展原则、规范发展程序、履行发展手续、强化发展质量。同时，高校辅导员要做好学生党员的教育管理服务工作，运用丰富的党建工作经验和扎实的理论功底开展学生党员教育，开展党内组织生活和日常管理，关心关爱学生党员，保障学生党员的合法权利。其三，能指导学生党支部进行队伍建设。高校辅导员要按照守信念、重品行、

---

①郑永廷主编《思想政治教育方法论》，高等教育出版社，2010，第 207 页。

②黄蓉生主编《大学生党团建设》，高等教育出版社，2013，第 159 页。

③黄蓉生主编《大学生党团建设》，高等教育出版社，2013，第 66—67 页。

有本领、敢担当的要求选好配强学生党支部负责人，充分调动学生党员自我教育、自我管理、自我服务的积极性。其四，能指导学生党支部开展主题教育活动。高校辅导员要以重大节假日、重要活动为契机，构筑多渠道、多层次的主题教育活动体系，在潜移默化的活动中提升学生的党性修养。其五，能协助党校开展相关工作。高校辅导员要协助党校开展相关工作，讲授具有一定理论水平、深受学生喜爱的党课。

大学生在大学校园里能否健康生活、全面发展，很大程度上受所在班级的影响。班级积极进取、团结友爱，能增强大学生的归属感和荣誉感。高校辅导员要充分利用班级育人的整体优势，加强班级建设，促进班集体和班级成员的共同进步。高校辅导员的班级建设能力表现为：能正确把握班级建设的方向和原则，营造一个积极、健康、向上、温馨的班集体，促进班级成员的共同发展；能客观评价大学生的思想政治道德素质、工作能力和发展潜能，做好大学生的综合素质测评工作；能做好学生干部的遴选、培养、激励和考核工作，鼓励和支持学生干部主动参与班级事务管理；能积极开展主题鲜明、内容丰富、形式多样的班级活动，增进学生之间的交流沟通；能从各方面关心学生成长，将教育、引导与关心、帮助、服务结合起来，促进班级成员思想问题、学习问题和生活问题的解决。

(2)开展贫困生资助育人工作的能力

贫困生资助育人工作是大学生日常思想政治工作的重要组成部分。近年来，高校贫困生资助育人工作面临着新情况、新问题。高校辅导员需具备开展贫困生资助育人工作的能力，将“扶困”与“扶智”结合起来，精准资助育人：第一，贫困生资助管理能力。目前，我国高校已初步建立起国家资助、学校奖助、社会捐助、学生自助“四位一体”的发展型资助体系①。高校辅导员需要具备贫困生资助管理能力，能准确认定家庭经济困难学生，规范管理贫困生档案，客观评选奖助学金。第二，贫困生资助监控能力。为了保证高校贫困生资助工作公平、公正、公开地进行，高校辅导员需具备贫困生资助监

①《中共教育部党组关于印发〈高校思想政治工作质量提升工程实施纲要〉的通知》，http://www.moe.gov.cn/srcsite/A12/s7060/201712/t20171206_320698.html，访问日期：2019 年 2 月 26 日。

控能力，能加强对贫困生家庭经济情况和日常消费情况的监控，确保国家资助、学校奖助、社会捐助能发放到真正贫困的大学生手中。第三，人文关怀和心理疏导能力。贫困生的经济困难可以通过经济资助得到缓解，但潜藏于内心深处的思想、道德和心理问题则需要教育和关爱来纾解。高校辅导员需具备人文关怀和心理疏导能力，能充分利用与贫困生接触时间长、机会多的优势，加强对贫困生的心理健康教育、诚信教育、反哺教育和励志教育，在思想启迪、道德浸润和精神激励中着力培养贫困生自立自强、诚实守信、知恩图报、勇于担当的品质，实现“解困—育人—成才—回馈”的良性循环①。

(3)指导大学生开展宿舍文化建设的能力

宿舍文化是大学生校园文化的重要组成部分。积极向上的宿舍文化能以潜移默化的方式促进大学生和谐相处、互帮互助。指导大学生开展宿舍文化建设是高校辅导员日常事务管理的重要内容。高校辅导员要具备指导大学生开展宿舍文化建设的能力：第一，能指导大学生开展宿舍物质文化建设。宿舍物质文化是宿舍文化最直观的形式，是宿舍文化建设的前提。适应宿舍物质文化家居化和数字化的发展趋势，高校辅导员既要指导大学生营造宿舍如“家”的温馨生活氛围，又要指导他们养成积极向上的生活态度。第二，能指导大学生开展宿舍制度文化建设。制度文化是宿舍文化的保障。高校辅导员要能指导大学生开展宿舍制度文化建设，教育大学生自觉遵守宿舍管理制度，规范大学生宿舍行为，引导大学生养成良好的生活习惯。第三，能指导大学生开展宿舍精神文化建设。精神文化是宿舍文化的深层表现形式，精神文化建设是宿舍文化建设的灵魂和内核。高校辅导员要能组织内涵深刻、内容丰富、形式多样的宿舍精神文化建设活动，引导大学生积极向上，健康成长。

(4)奖惩评估能力

大学生奖惩和综合素质测评是高校辅导员日常事务管理的重要内容。这些工作直接关涉大学生的切身利益。高校辅导员要具备奖惩评估能力：

---

①《中共教育部党组关于印发〈高校思想政治工作质量提升工程实施纲要〉的通知》，http://www.moe.gov.cn/srcsite/A12/s7060/201712/t20171206_320698.html，访问日期：2019年2月26日。

第一，综合素质测评能力。高校辅导员每学年都要对大学生德智体美劳等方面的综合素质进行测评，以此作为评定奖学金和其他奖项的依据。这就需要高校辅导员具备综合素质测评能力，能根据相关规定对大学生在读期间的综合素质作出客观、全面的评价。第二，评奖评优能力。大学生评奖评优包括国家奖学金、励志奖学金、综合奖学金、社会类奖学金等各种评奖和三好学生、优秀学生干部、精神文明先进个人、社会实践活动先进个人、优秀集体等各种评优。高校辅导员是大学生评奖评优的具体实施者，需具备评奖评优能力，能根据有关评比规定，本着公平、公开、公正的原则，遵循学生自愿报名、评议评审、公示结果和表彰奖励的程序开展评奖评优工作。第三，违纪学生处理能力。违纪学生处理是高校辅导员的工作内容之一。高校辅导员要具备违纪学生处理能力，能根据学校规章制度对违纪学生进行严肃处理。高校辅导员在对违纪学生进行处理时要严格遵循纪律处分的程序，包括纪律处分前的规章制度教育，纪律处分中充分听取学生申诉，纪律处分后处分决定的公示，接受处分学生的复议，等等。

(5)危机事件应对能力

危机事件不仅会对大学生的生命财产安全造成威胁，还会给学校造成负面影响。身处大学生思想政治教育第一线的高校辅导员是维护学校稳定的基层骨干力量，需具备危机事件应对能力：第一，危机事件预警能力。危机事件虽具有突发性和不可预测性，但危机事件的发生发展是有规律可循的，它一般要经历一个从萌芽到爆发、量变到质变的过程。在危机事件的发生发展过程中，总会有一些征兆。高校辅导员作为危机预警的“第一人”，需具备危机事件预警能力，能及时捕捉到危机事件发生前的征兆，防患于未然，将危机事件消灭在萌芽状态。高校辅导员要做好危机事件预警工作，事先要根据有关法律法规，针对危机事件的性质、类型、特点和可能造成的危害，分门别类地制订危机事件处理预案，内容包括处理原则、组织体系、运行机制、处置流程、应急保障措施以及善后措施等。此外，高校辅导员还应通过校园安全教育选修课、安全教育演习、学生骨干培训等做好危机事件预警。第二，危机事件处置能力。大学生危机事件即将发生或已经发生时，高校辅导员要在第一时间赶赴事发现场，通过学生骨干、事件相关人员尽快了解事件信息，对事件做出预判后对其进行分类分级，果断采取措施稳定局面、控制事态、安抚当事人。若有必要，应立即拨打报警电话。紧接着，高校辅导员要对危机事件发生的时间、地点、背景、起因、发展、可能或已经造成的危害、当事人的反应、已经采取的措施等基本信息进行全面汇总和准确分析，并及时向相关领导和职能部门汇报。相关领导和职能部门介入后，高校辅导员还要协助处理危机事件。第三，危机事件善后能力。为了将危害降到最低并防止同类危机事件的再次发生，高校辅导员要具备危机事件善后能力，持续关注相关人员、协调危机事件当事人和学校的关系、安抚受害人和家长的情绪、控制新闻舆论走向、做好其他学生的心理疏导工作、协助相关部门调查取证、总结危机事件处理经验教训等。

4.科学研究能力

科学研究能力是指高校辅导员开展大学生思想政治教育研究的能力。大学生思想政治教育所处的外部环境总是处于变动不居中。高校辅导员要有效应对新变化，必须开展科学研究，掌握大学生思想政治教育规律，以不变应万变。与此同时，高校辅导员要实现从经验型、事务型教师向学术型、专家型教师的转变，走上专业化、职业化发展道路，必须既“干事业”又“做学问”。高校辅导员应具备的科学研究能力包括：

(1)理论研究能力

对大学生思想政治教育理论的研究，有利于丰富大学生思想政治教育理论，完善大学生思想政治教育学科理论体系。高校辅导员应具备理论研究能力，能将思想政治教育学原理、理论与方法应用于大学生思想政治教育研究，在综合借鉴教育学、人才学、管理学、心理学等相关学科研究成果的基础之上，形成大学生思想政治教育特有的理论与方法。高校辅导员在开展大学生思想政治教育理论研究时，应加强对理论基础与基础理论的研究。对理论基础的研究主要包括：马克思主义关于人的全面发展理论和人的本质理论、立德树人理论、“三全育人”理论等。对基础理论的研究主要包括：大学生思想政治教育的地位和功能、目的和任务、过程和规律、主体和客体、内容和原则、方法和艺术、环境和载体等。

(2)实践研究能力

大学生思想政治教育是一项实践性较强的社会活动。高校辅导员战斗在大学生思想政治教育实践活动的第一线,鲜活的工作实践、丰富的工作经验、深刻的工作体验有助于高校辅导员开展实践研究,专业化、职业化发展的诉求也推动着高校辅导员开展实践研究。高校辅导员要具备实践研究能力,能深入大学生思想政治教育工作,总结大学生思想政治教育经验,并将实践经验系统化、理论化。依据大学生思想政治教育的目的和任务,立足大学生思想现状及发展期待,高校辅导员应加强对以下方面的研究:思想理论教育与价值引领、学业指导、党团建设、日常事务管理、人际交往、社会实践、校园文化建设、职业规划与就业指导、网络思想政治教育和心理健康教育等。

三、高校辅导员职业能力培养的类型和特点

类型和特点研究揭示了高校辅导员职业能力培养的内在本质,为后续研究提供了理论依据。

(一)高校辅导员职业能力培养的类型

划分高校辅导员职业能力培养的类型,对于明确培养目的、掌握培养内容和方法,以及从事具体的培养活动等均有重要意义。本书借鉴人才学关于人才开发类型的研究,以培养主体、客体、内容和形式为依据划分高校辅导员职业能力培养的类型。

1.按培养主体划分

按培养主体划分,可将高校辅导员职业能力培养分为国家培养、单位培养和自我培养。三者由于培养主体的不同,在高校辅导员职业能力培养中所处的地位和发挥的作用也不尽相同。

(1)国家培养

国家培养,是指国家通过制定完善政策、兴办教育文化事业等形式,造就能胜任大学生思想政治工作的专门人才。国家培养具有权威性强、规模大、门类齐全的优点,这是单位培养、自我培养无法比拟的。由于国家培养主要是政策性培养,本书仅从政策性培养的视角介绍国家培养的几种形式:

第一,制定高校辅导员职业能力培养政策。政策既能为高校辅导员职业能力培养提供宏观指导和行动指南,也能提供可靠依据和有力保障。国家应制定能造就大学生思想政治工作专门人才的政策,为加强高校辅导员职业能力培养提供指导和保障。第二,完善高校辅导员职业能力培养政策。政策具有变化性,随着社会的发展、时代的进步、需求的变化,政策将逐渐与实践不相适应。这就需要不断完善政策。尤其是在新时代,国际国内环境的深刻变化使大学生思想政治教育在面临有利条件的同时也面临严峻挑战。这就对高校辅导员职业能力提出了新的更高的要求。为造就能胜任新时代大学生思想政治工作的专门人才,应不断完善高校辅导员职业能力培养政策。第三,实施高校辅导员职业能力培养政策。政策只有付诸实践才能真正发挥作用。高校辅导员职业能力培养政策制定出来后,要用于指导地方和高校的辅导员职业能力培养活动。自高校辅导员制度建立以来,国家高度重视高校辅导员队伍建设,不断制定并完善相关的政策。当前,问题的关键在于落实政策,切实将高校辅导员职业能力培养政策落到实处。

(2)单位培养

单位培养,是指社会组织通过各种方法和途径提升高校辅导员职业能力,造就能胜任大学生思想政治工作的“行家里手”。单位培养具有针对性强、形式多样的优点。单位培养主要有以下形式:第一,学校培养。学校是专门培养人才的机构,具有较强的目的性、计划性和组织性。这里的学校主要是指高等学校。高等学校是培养高层次人才的地方[1]。高等学校对辅导员职业能力的培养有两种形式,一种是生成型培养,一种是充电型培养。生成型培养是对潜在的高校辅导员进行职业能力培养,为其将来从事大学生思想政治工作做好准备。目前,我国部分高校已开设高校辅导员专业,通过专业教育系统培养专门的高校辅导员。充电型培养是对在职高校辅导员进行职业能力培养,持续提升其专业素养和职业能力。第二,工作单位培养。这里的工作单位是指高校辅导员所在的学校。工作单位对高校辅导员职业能力培养的最大优势是现实针对性强,它能根据本单位大学生思想政治工作需要和高校辅导员职业能力现状,按照“缺什么补什么”、“需要什么补什

① 罗洪铁等主编《思想政治教育与现代人才开发研究》,中央文献出版社,2006,第 231 页。

么”的原则有针对性地提升高校辅导员的职业能力。第三，社会培训机构培养。随着现代社会对高技能人才的需求，以提升职业能力为主旨的社会培训机构不断涌现。社会培训机构拓展了学校培养的空间，是培养现代人才的大熔炉。可充分利用社会培训机构培训资源充足、师资庞大、形式多样、手段先进的优势，促进高校辅导员职业能力的提升。社会培训机构的形式较多，有地方教育主管部门主办的培训中心、行业协会，高校开设的培训学院，以及职教集团和国外培训机构等。

(3)自我培养

自我培养，是指高校辅导员根据大学生思想政治教育目标和任务，通过各种途径和形式主动提升职业能力。要从根本上提升高校辅导员职业能力，自我发展是关键。这是因为国家培养、单位培养只是高校辅导员职业能力培养的外部条件，自我培养才是内生动力。只有当高校辅导员具备自我发展意识，才会自觉接受外部培养。当然，强调自我培养的重要性，并不是要否认国家培养和单位培养的作用。自我培养和国家培养、单位培养之间是一种相辅相成的关系，它们既相互区别，又相互联系、相互促进。没有国家培养和单位培养，自我培养就没有正确导向。没有自我培养，国家培养和单位培养就难以真正实现。高校辅导员自我培养的形式较多，如理论学习、信息交流、社会实践和科学研究等。

2.按培养客体划分

按培养客体划分，可将高校辅导员职业能力培养分为个体职业能力培养和群体职业能力培养。高校辅导员职业能力培养，既要着眼于提升高校辅导员个体的职业能力，也要着眼于提升高校辅导员队伍的职业能力。二者由于培养对象的不同，在培养内容、方式、途径等方面也不尽相同。

(1)个体职业能力培养

个体职业能力培养，是指对高校辅导员个体进行职业能力培养。只有当个体的职业能力提升后，才能从整体上提升高校辅导员队伍的职业能力。没有高校辅导员个体职业能力的提升，就不可能建成一支职业能力过硬的高校辅导员队伍。高校辅导员队伍中，每个个体的职业能力不尽相同。面对不同类型、不同层次的高校辅导员个体，职业能力培养的内容、方法和手段理应不同。例如，对初级辅导员，重点是提升对大学生思想政治工作的适应能力。对中级辅导员，重点是丰富职业能力要素和提升职业能力层次。对高级辅导员，重点是提升创新能力和科研能力。总的来说，个体职业能力培养的形式有：理论学习、实践锻炼、信息交流和科学研究等。

(2)群体职业能力培养

群体职业能力培养，是指对高校辅导员队伍进行职业能力培养。大学生思想政治教育是一项系统工程，需要所有高校辅导员密切配合、通力合作。仅有高校辅导员个体职业能力的提升，没有高校辅导员个体之间职业能力的整合协调，整个高校辅导员队伍的职业能力水平就会被拉低。高校辅导员队伍职业能力培养的形式较多，如学位进修、在职培训、社会实践、出国研修等，都是行之有效的形式。

3.按培养内容划分

按培养内容划分，可将高校辅导员职业能力培养分为通用职业能力培养和专有职业能力培养。二者由于培养内容的不同，对高校辅导员职业能力提升所起的作用也不尽相同。

(1)通用职业能力培养

通用职业能力是指适用于一般职业活动的能力。通用职业能力是专有职业能力形成的基础，直接决定着专有职业能力的形成和作用的发挥。高校辅导员通用职业能力培养就是对高校辅导员一般职业能力的培养。高校辅导员通用职业能力培养的内容包括：组织管理能力、语言和文字表达能力、教育引导能力和调查研究能力等。

(2)专有职业能力培养

专有职业能力是指从事特定职业活动应具备的特殊能力。专有职业能力具有较强的针对性，不同职业需要具备不同的专有职业能力。高校辅导员专有职业能力培养就是对高校辅导员特定职业能力的培养。大学生思想政治教育有其特点和规律，具有较强的专业性。高校辅导员需具备专有职业能力，才能卓有成效地开展大学生思想政治教育。因此，加强高校辅导员职业能力培养，还需加强专有职业能力培养。根据《高等学校辅导员职业能力标准(暂行)》的规定，高校辅导员专有职业能力培养的内容包括：思想理论教育和价值引领能力、党团和班级建设能力、学业指导能力、日常事务管理能力、心理健康教育与咨询能力、网络思想政治教育能力、校园危机事件应对能力、职业规划与就业指导能力等。

4.按培养形式划分

按培养形式划分,可将高校辅导员职业能力培养分为理论培养和实践培养。二者由于培养形式的不同,在高校辅导员职业能力培养中的作用也不尽相同。

(1)理论培养

理论培养,是指通过理论教育和理论学习提升高校辅导员职业能力。理论培养是提升高校辅导员职业能力的重要途径。高校辅导员要提升大学生思想政治教育能力,首先要丰富理论知识、完善理论体系,在将理论知识运用于大学生思想政治教育实践的过程中提升职业能力。通过理论培养提升高校辅导员职业能力的形式有:理论教育和理论学习。理论教育是指向高校辅导员传授理论知识,引导他们将所学理论知识运用于大学生思想政治教育实践,以此提升职业能力。理论学习是指高校辅导员主动学习理论知识,将所学理论知识运用于大学生思想政治教育实践,以此提升职业能力。

(2)实践培养

实践培养,是指通过实践活动提升高校辅导员职业能力。实践是提升高校辅导员职业能力的根本途径。高校辅导员职业能力培养的缘起跟高校辅导员职业能力在大学生思想政治教育实践中的重要作用,以及社会现实中高校辅导员职业能力的不足等现状与现实密不可分;高校辅导员职业能力培养的目的在于全面提升高校辅导员实践能力;高校辅导员职业能力培养的效果必须回到实践中检验。因此,只有当高校辅导员积极投身实践,在实践中增长知识才干,才能全面提升职业能力。通过实践培养提升高校辅导员职业能力的具体形式有:学习交流、参观访问、社会考察和挂职锻炼等。

(二)高校辅导员职业能力培养的特点

高校辅导员职业能力培养作为一项特殊类型的社会实践活动,有其固有的矛盾。紧扣矛盾提炼其特点,有利于增强针对性和实效性。高校辅导员职业能力培养的基本矛盾是高校辅导员职业能力培养的要求与高校辅导员职业能力现状之间的矛盾。高校辅导员职业能力培养的任务就是要解决这一矛盾,促使高校辅导员职业能力向着期冀的方向发展。相对于其他实践活动,高校辅导员职业能力培养具有以下特点:

1.鲜明的方向性

高校辅导员职业能力培养的方向性,是指高校辅导员职业能力培养要坚持正确的政治导向。在我国,高校辅导员在中国共产党领导下,着力培养担当民族复兴大任的时代新人。高校辅导员身份的阶级性决定了高校辅导员职业能力培养的方向性。高校辅导员职业能力培养的方向性主要体现在:第一,培养目标要符合社会进步和历史发展趋势。高校辅导员职业能力培养的方向性首先体现在培养目标上。高校辅导员职业能力培养的阶级性要求其培养目标要符合社会进步和历史发展的总趋势。第二,培养内容要积极向上。高校辅导员职业能力培养的目的是促进高校辅导员职业能力的全面提升,为加强和改进大学生思想政治教育提供主体支撑,其培养内容既要有利于促进高校辅导员职业能力的提升,推动高校辅导员队伍的专业化、职业化发展,又要有利于社会的发展进步。第三,培养方式要积极向上。高校辅导员职业能力培养的方向性还体现在采用积极向上的培养方式促进高校辅导员职业能力的提升。具体的培养方式有实践锻炼、正面引导、典型示范、榜样教育等。

2.显著的实践性

高校辅导员职业能力培养的实践性,是指高校辅导员职业能力培养的现实性。实践是培养高校辅导员职业能力的根本途径。因为只有在实践中,才能发现不足,才能提升能力,才能发挥高校辅导员的作用,才能检验高校辅导员职业能力培养的效果。高校辅导员职业能力培养的实践性具体表现在:第一,实践是高校辅导员职业能力培养的原因。高校辅导员职业能力培养的原因较多,最主要的是高校辅导员职业能力在大学生思想政治教育实践中的重要作用,以及社会现实中高校辅导员职业能力的欠缺。第二,实践是高校辅导员职业能力培养发展的动力。高校辅导员职业能力培养是一个动态的发展过程,它应实践之需而产生,随实践发展而发展。只有不断根据实践新变化加强高校辅导员职业能力培养，持续提升高校辅导员职业能力，高校辅导员才能适应新时代大学生思想政治工作的新需要。第三，实践是高校辅导员职业能力培养的落脚点。高校辅导员职业能力培养的落脚点在于提升高校辅导员职业能力。提升高校辅导员职业能力归根到底是为了满足大学生思想政治教育实践发展的需要。第四，实践是检验高校辅导员职业能力培养效果的最佳标准。衡量高校辅导员职业能力培养效果，不能以主观认识为检验标准，而应回到大学生思想政治教育实践层面，以大学生思想政治教育的实际效果为检验标准。

3.突出的发展性

高校辅导员职业能力培养的发展性，是指高校辅导员职业能力培养运动、变化的整体趋势。“凡益之道，与时偕行。”事物总会与不断更替的时空俱进，与发展中的时代俱进①。时代的新变化、社会的新发展、改革开放和社会主义现代化建设的新实践，使大学生的成长成才面临许多新课题，因而迫切需要与时俱进地发展高校辅导员职业能力。高校辅导员职业能力培养只有保持与时俱进的发展态势，因事而化、因时而进、因势而新，才能不断增强时代感和实效性。高校辅导员职业能力培养的发展性主要体现在如下几方面：第一，培养理念的发展性。高校辅导员职业能力培养理念的发展性表现为：树立开放理念，观照时代特征、社会现实、大学生思想现状和发展期待、高校辅导员职业能力现状，打破传统高校辅导员职业能力培养囿于课堂、书本、学校的局限；树立发展理念，促使高校辅导员职业能力培养横向拓展和纵深发展，打破传统高校辅导员职业能力培养被动适应甚至滞后于现实的发展模式；树立多样化理念，促使高校辅导员职业能力培养内容、方法、途径多样化，打破传统高校辅导员职业能力培养的单一化。第二，培养方式的发展性。高校辅导员职业能力培养方式的发展性体现在两个维度：一是在充分利用传统培养方式的基础上，赋予传统培养方式新的时代意蕴；二是根据时代发展和社会进步，不断创新培养方式。第三，培养手段的发展性。高校辅导员职业能力培养手段的发展性表现在改变不合时宜的培养手段，

①黄蓉生、邓卓明：《青年思想政治教育专论》，中央文献出版社，2005，第59页。

充分运用现代化、信息化的培养手段等。

4.较强的综合性

高校辅导员职业能力培养的综合性，是指高校辅导员职业能力培养是一种多种要素综合作用的实践活动。高校辅导员职业能力培养作为多种要素综合作用的实践活动，必须具备整体思维，综合运用人力、物力、财力。高校辅导员职业能力培养的综合性具体表现为：第一，综合借鉴多种学科知识。现代社会，研究领域出现了综合化发展之势。高校辅导员职业能力培养要适应学科的综合化发展趋势。高校辅导员职业能力培养必须坚持以马克思列宁主义为指导，但并不意味着它不需要借鉴其他学科理论知识。高校辅导员作为高校教师队伍和管理队伍的重要组成部分，决定了高校辅导员职业能力培养要综合借鉴教育学、管理学、人才学等学科的相关理论与方法，提炼高校辅导员职业能力培养特有的方针和原则、内容和方法，揭示高校辅导员职业能力培养独有的特点和规律。第二，综合采用多种培养内容。高校辅导员作为大学生思想政治教育与管理工作的承担者、组织者和实施者，是大学生成长成才的人生导师和健康生活的知心朋友。基于角色定位，高校辅导员应履行教育引导、事务管理、发展指导等职责。教育引导主要是对大学生政治方向和价值取向的引领，它是高校辅导员的核心职责。事务管理主要是对大学生日常事务的管理，它是高校辅导员的基本职责。发展指导主要是对大学生成长成才、生活发展的指导，它是高校辅导员的重要职责。高校辅导员要履行好上述工作职责，需综合具备多种职业能力。因此，加强高校辅导员职业能力培养，要基于高校辅导员的多种工作职责，综合采用多种培养内容。第三，综合运用多种培养方法。高校辅导员职业能力培养要取得实效，不能仅靠单一方法，而要综合运用多种培养方法。这就需要综合分析不同的培养方法，在把握各自特点和共同趋向的基础之上，实现整体融合。第四，综合社会各方面力量。加强高校辅导员职业能力培养是一项系统工程。要完成这项系统工程，需综合社会各方面力量，各司其职、和衷共济，形成综合培养格局。

第三章　高校辅导员职业能力培养的国内历史考察与国外比较借鉴

历史考察我国高校辅导员职业能力培养，能更好地观照现实、展望未来。典型考察国外高校学生事务管理者职业能力培养，对我国具有借鉴意义。本章将循着我国高校辅导员制度的演变历程，梳理不同历史时期高校辅导员职业能力培养的表现及特点，总结出历史经验以指导今天的实践活动。典型考察美国、英国、德国等国高校学生事务管理者职业能力培养发展历程，提炼共性特征，为我国的高校辅导员职业能力培养提供借鉴和启示。本章通过对我国高校辅导员职业能力培养的纵向比较、我国高校辅导员职业能力培养与国外高校学生事务管理者职业能力培养的横向比较，探寻同类实践活动的本质和规律。

一、我国高校辅导员职业能力培养的历史考察与经验总结①

以史为鉴，可以看成败、鉴得失、知兴替。历史考察我国高校辅导员职业能力培养，还原本来、再现原貌，能更好地观照现实、展望未来。本书对我国高校辅导员职业能力培养的历史考察以辅导员制度正式建立为逻辑起点。伴随高校辅导员制度 60 多年的发展，高校辅导员职业能力培养衍生、发展，现正朝着专业化、职业化方向发展。

（一）我国高校辅导员职业能力培养的历史考察

我国高校辅导员制度的起源要追溯到新中国成立前党在军政干部院校实行的“政治指导员制度”②。本书对高校辅导员职业能力培养的历史考察以新中国成立后高校辅导员制度的正式建立为逻辑起点。1953 年，清华大学建立政治辅导员制度，这成为我国高校辅导员制度正式建立的标志。高校辅导员制度正式建立后，高校辅导员职业能力培养大致经历了形成、初步发展和挫折期、恢复和加快发展期、深化发展期等四个发展阶段，现正朝着专业化、职业化方向发展。

1.形成期

1953—1955 年是高校辅导员职业能力培养的形成期。划分的依据是：

---

①费萍：《改革开放 40 年高校辅导员职业能力培养的历史回溯与现实启示》，《湖北社会科学》2018 年第 6 期，第 173—179 页。

②张再兴等：《高校辅导员队伍建设理论与实践》，人民出版社，2010，第 46 页。

1952年全国院系调整后，学校较大规模地招生，高校政工干部数量严重不足。为了解决这一现实困难，1953年，时任清华大学校长的蒋南翔提出在高校设立“双肩挑”的政治辅导员制度。这成为我国高校辅导员制度正式建立的标志。

（1）发展历程

1953年，清华大学从觉悟高、能力强的高年级学生中选拔政治辅导员“半脱产”做学生思想政治工作，初步形成了双肩挑的政治辅导员制度。此后，全国其他高校根据中央文件精神相继建立政治辅导处，配备政治辅导员从事学生思想政治工作。政治辅导员制度正式建立后，为了帮助政治辅导员胜任“双肩挑”工作，学校开始对他们进行职业能力培养。如有的学校选拔德才兼备的毕业生，对他们进行业务培训后，并开始让他们从事大学生思想政治工作。有的学校建立青年干部选拔机制，先选拔部分品德兼优的学生从事共青团和学生会工作，毕业后留校担任政治辅导员。1955年，《关于配备高等学校政治工作干部的指示》要求各省、市委为所属高校配齐或调整政治工作骨干，增强政治工作力量。这些举措不仅从源头确保了政治辅导员职业能力培养的质量，也壮大了高校政治工作队伍，推动了政治辅导员职业能力培养的初步发展。

（2）发展特点

形成期高校辅导员职业能力培养的最大特点是结合“双肩挑”的政治辅导员制度进行。第一，培养目标明确。这一时期的职业能力培养目的就是造就一支能胜任“双肩挑”工作的政治辅导员队伍。第二，培养对象是兼职政治辅导员。由于“双肩挑”的政治辅导员以兼职为主，主要从优秀毕业生中选留或优秀教师中选任，职业能力培养也是结合兼职政治辅导员的实际情况进行的。第三，培养内容主要是政治教育能力。形成期的政治辅导员的角色定位是学生的“政治引路人”。政治辅导员在政治辅导处的领导下，紧扣“政治”开展学生工作。相应地，这一时期重视对政治辅导员政治教育能力的培养。第四，培养过程重视从源头抓起。“双肩挑”的政治辅导员制度明确提出要从业务能力强的学生中选拔政治辅导员，从源头确保了培养质量。第五，培养方式注重工作实践。“双肩挑”的政治辅导员制度要求政治辅导员坚持边工作边学习，这不仅有利于政治辅导员结合学生的学习生活实际做深入细致的思想政治工作，也有利于他们在工作实践中锻造职业能力。第六，培养效果较好。这一时期的培养活动造就了一批又红又专的政工干部，他们中有的成为学校党政干部、骨干人才和学术带头人，还有的成为各级党政领导干部。

2.初步发展和挫折期

1956—1976年是高校辅导员职业能力培养的初步发展和挫折期。其中，1956—1965年是初步发展期。划分的依据是：1956年，我国生产资料社会主义改造取得决定性胜利，社会主义制度建立。社会主义制度的建立推动高校思想政治工作进入新的发展阶段，高校辅导员职业能力培养也步入初步发展期。1966年，文革全面爆发，培养进入挫折期。

(1)发展历程

1961年，《教育部直属高等学校暂行工作条例(草案)》指出，要培养和配备专职政治辅导员。该条例是国家首次正式提出在高校设置专职政治辅导员。文件颁布后，除清华大学继续实行“双肩挑”的政治辅导员制度外，其他高校基本都实行专职政治辅导员制度。专职政治辅导员制度建立后，高校更加重视对政治辅导员职业能力的培养。1964年6月10日，《关于加强高等学校政治工作和建立政治工作机构试点问题的报告》指出，可在二、三年级配备班级专职辅导员，主要来源为高校优秀毕业生。优秀毕业生被选入政治辅导员队伍，从源头上保证了高校辅导员的质量。1965年，《关于政治辅导员工作条例》颁布，首次以法规的形式确定了政治辅导员在大学生思想政治工作中的地位和作用，这一举措在提升政治辅导员社会认可度的同时，也为职业能力培养营造了良好的社会氛围。这一时期还注重在工作实践中培养政治辅导员的职业能力。如政治辅导员与学生同吃、同住、同劳动，不仅能深入学生开展思想政治工作，还能促使政治辅导员在工作实践中提升职业能力。1966年，“文化大革命”爆发，高校学生思想政治工作在极“左”思潮的干扰下受到严重冲击，政治辅导员制度被取消。

(2)发展特点

初步发展和挫折期，高校辅导员职业能力培养的发展特点为：专职政治辅导员制度的设立，促使政治辅导员职业能力培养步入常态化；首个辅导员工作条例的颁布，推动了政治辅导员职业能力培养的规范化发展；对政治辅导员选聘、业务培训的具体规定，为政治辅导员职业能力培养提供了指导和遵循。

3.恢复和加快发展期

1977—2003年是高校辅导员职业能力培养的恢复和加快发展期。划分的依据是：1977年，教育部召开全国高等学校招生工作会议，决定恢复全国高等院校招生考试。随着高考的恢复，高校辅导员制度得以恢复，政治辅导员的角色定位、职责要求、选拔条件和待遇重新得到确立，职业能力培养进入加快发展期。

(1)发展历程

恢复和加快发展期，高校辅导员职业能力培养主要表现为：

第一，制度日益完善。制度建设事关高校辅导员职业能力培养的长期性、稳定性。这一时期，党和国家从大学生思想政治教育面临的新形势出发，着力解决主要矛盾和突出问题，制定了系列制度加强政治辅导员职业能力培养，取得了初步成效。这一时期，党和国家在辅导员选拔、培训、职称评聘、政治与物质待遇等方面做出了具体的制度规定。其中：1980年4月，《关于加强高等学校学生思想政治工作的意见》指出，加强学生思想政治工作，必须建立一支有战斗力的政治工作队伍。领导要从业务上关心政治辅导员的成长，帮助他们落实业务进修计划；1984年11月，《关于加强高等学校思想政治工作队伍建设的意见》提出，要组织政治辅导员参加社会调查、参观考察和社会实践，以提高思想政治工作能力；1987年5月，《中共中央关于改进和加强高等学校思想政治工作的决定》指出，思想政治教育是一门科学，必须有专职人员作为骨干，要培养和造就一批思想政治教育专家、教授和理论家；1990年1月，《关于加强高等学校专职思想政治工作者正规培训的通知》指出，要制订长远计划，分期分批选送政治、业务好的专职思想政治工作者参加专业培训；1993年8月，《关于新形势下加强和改进高等学校党的建设和思想政治工作的若干意见》指出，要采取特殊政策，培养一支又红又专的政工干部队伍，保证队伍的巩固和提高；2000年，《关于进一步加强高等学校学生思想政治工作队伍建设的若干意见》指出，要加强领导、坚持标准、健全制度、严格管理，建设一支精干、高素质的学生思想政治工作队伍[①]。

第二，学科建设逐渐加强。加强学科建设，开辟培养大学生思想政治教育专门人才的有效途径，有利于促进政治辅导员职业能力培养的专业化发展。自1984年思想政治教育学科设立以来，思想政治教育学科建设逐渐加强，极大地促进了高校辅导员职业能力培养的专业化发展。1984年6月，全国高校思想政治工作会议召开。会议提出，有条件的大专院校要增设政治工作专业。随后，教育部召开了专业论证会，确定了学科名称和专业名称。1984年，首批设置思想政治教育专业的12所院校招收本科生，开始采用正规化方法培养思想政治教育专门人才。思想政治教育专业的设立，为高校辅导员职业能力培养走上正规化、专业化发展道路奠定了基石。一批批专业知识丰富、业务能力过硬的大学生思想政治教育专门人才加入政治辅导员队伍，从整体上提升了队伍的质量。1984年，清华大学等6所院校开设思想政治教育专业第二学士学位班，培养思想政治工作骨干力量。同年，部分高校开设思想政治教育本科班，这为专科学历的政治辅导员提升职业能力提供了机会。1987年，思想政治教育专业在职第二学士学位班招生，这给政治辅导员提高业务能力提供了更多选择。1988年，复旦大学等10所高校首批招收思想政治教育专业硕士研究生[②]。1990年，清华大学等10所院校被批准设立思想政治教育专业硕士学位授予点[③]。这些举措有利于将政治辅导员培养成大学生思想政治教育高级专门人才。1993年10月8日，《关于高等学校思想政治教育专业办学的意见》颁布。该《意见》提出要继续加强专业建设，积极培养具有丰富专业知识、较高专业技能的专门人才。这些举措促进了高校辅导员职业能力培养的专业化发展。1990年，国务院学位委员会颁布的学科、专业目录设立了马克思主义理论与思想政治教育专业硕士点、博士点。1996年，中国人民大学等3所高校通过马克思主义理论学

---

①教育部思想政治工作司组编《加强和改进大学生思想政治教育重要文献选编(1978—2008)》，中国人民大学出版社，2008，第9、53、103、135、185、297页。

②教育部思想政治工作司组编《加强和改进大学生思想政治教育重要文献选编(1978—2008)》，中国人民大学出版社，2008，第120页。

③罗洪铁主编《思想政治教育专题研究》，中央文献出版社，2007，第15页。

科博士点评审，建立了第一批马克思主义理论与思想政治教育博士点[①]。马克思主义理论与思想政治教育专业硕士点、博士点的设立，不仅为大学生思想政治教育高级专门人才的培养提供了基地，也提供了有力的学科支撑。

第三，培养方法不断丰富。丰富培养方法有利于增强培养的实效性。这一时期，政治辅导员职业能力培养的方法不断丰富。其一，开展在职培训。在职培训有利于结合工作实际提升业务能力。这一时期，学校注重从业务上关心政治辅导员的成长，帮助他们落实业务进修计划。有的学校组织政治辅导员参加岗前培训和在岗培训，提高他们的组织管理水平和技能。其二，组织社会实践。社会实践有利于提升政治辅导员应对社会现实问题的能力。这一时期，政治辅导员通过社会考察、社会调查、上下交流、岗位轮换、校外挂职、出国考察等方式极大提高了业务能力。其三，开展教师职务评聘。开展教师职务评聘有利于激发政治辅导员提升职业能力的内驱力。这一时期开创了高校辅导员聘任教师职务的先河，激发了政治辅导员提升职业能力的积极性。早在1986年国家就明确提出，从事学生思想政治工作的人员是教师队伍的重要组成部分，应根据他们的能力、水平和贡献聘任教师职务。1987年，国家教育委员会印发了在高校学生思想政治教育专职人员中聘任教师职务的实施意见和补充通知。1989年，国家教育委员会明确提出，思想政治教育教师的职务晋升和聘任要同其他教师同步进行[②]。其四，提升物质待遇。从满足物质需求入手，建立健全保障机制，有利于增强政治辅导员的职业归属感，提高他们参加职业能力培养的积极性。这一时期，国家明文规定，高校政工干部的待遇不应低于同期毕业的教学人员。其五，营造社会氛围。营造社会氛围能增强政治辅导员职业能力培养的社会认可度。国家颁布的文件反复强调，应高度重视和充分尊重政治辅导员的劳动。

---

①国务院学位委员会“马克思主义理论一级学科建设和人才培养方案研究”课题组：《马克思主义理论学科建设调研报告》，《思想理论教育》2007年第9期，第4页。

②教育部思想政治工作司组编《加强和改进大学生思想政治教育重要文献选编（1978—2008）》，中国人民大学出版社，2008，第74、95、98、130页。

(2)发展特点

恢复和加快发展期,政治辅导员职业能力培养的发展特点为:第一,培养目标更加明确。这一时期的职业能力培养活动的目的是造就一支坚强的、有战斗力的政治辅导员队伍。第二,培养内容不断丰富。随着政治辅导员的职责由单纯的政治工作拓展到更为宽泛的思想政治教育,对其职业能力的培养也由单一的政治教育能力拓展到思想理论教育能力、实践活动组织能力、教学能力和心理健康教育能力等。第三,培养方法日益多样。这一时期,学位进修、在职培训、社会实践等在政治辅导员职业能力培养中发挥了重要作用。第四,培养的专业化水平不断提升。这一时期通过设置思想政治教育专业、举办思想政治教育专业第二学士学位班和本科班、设立马克思主义理论与思想政治教育专业硕士点和博士点等举措推动了政治辅导员职业能力培养的专业化发展。第五,培养效果明显。这一时期的培养活动造就了一支职业能力过硬的政治辅导员队伍,他们成为加强和改进大学生思想政治教育的有力人才支撑。

4.深化发展期

2004 年至今是高校辅导员职业能力培养的深化发展期。划分的依据是:2004 年 8 月 26 日,中共中央、国务院颁布的《中共中央 国务院关于进一步加强和改进大学生思想政治教育的意见》对大学生思想政治教育队伍的选拔、培养、管理等做出了明确规定。该文件在高校辅导员制度发展史中具有里程碑式的意义。高校辅导员职业能力培养由此步入深化发展期。

(1)发展历程

深化发展期,高校辅导员职业能力培养呈现出系统规划、整体推进、重点突破、成效显著的发展态势。

第一,学科建设进一步加强。适应新形势、新任务的要求,大学生思想政治教育步入科学化发展阶段。这一时期,党和国家采取了一系列措施进一步加强思想政治教育学科建设,推动了高校辅导员职业能力培养的专业化发展。2004 年中央 16 号文件指出,要加强思想政治教育学科建设,培养思想政治教育专门人才。2005 年 2 月 7 日,教育部提出设立马克思主义一级学科。2005 年 12 月 23 日,国家学位委员会决定增设马克思主义理论一级学科及所属二级学科，思想政治教育是其中的一个二级学科[①]。思想政治教育学科建设的新发展，为高校辅导员职业能力培养提供了坚强的学科支撑，搭建了广阔的发展平台。在国家倡导下，部分高校开始重视大学生思想政治教育学科建设，培养大学生思想政治教育专门人才。山东大学便是其中的典型。自 2006 年起，山东大学开展了大学生思想政治教育学、大学生发展指导学和大学生事务管理学等方向的专业学位教育，致力于培养理论知识丰富、职业能力过硬的大学生思想政治教育专门人才。

第二，制度建设不断推进。新时期，为了加强高校学生思想政治工作，党和国家根据现实需要，紧扣高校辅导员职业能力培养的突出矛盾和关键问题，从制度建设层面着力解决长期困扰高校辅导员职业能力培养的瓶颈问题。2004 年，中央 16 号文件对大学生思想政治教育队伍的选拔、培养、管理机制做出了明确规定，成为新时期加强高校辅导员职业能力培养的重要政策依据。2005 年 1 月 13 日，《关于加强高等学校辅导员班主任队伍建设的意见》指出，要在保证数量的基础之上，提高辅导员的工作能力和水平。《意见》还对高校辅导员的选聘配备、培养培训、政策保障等具体细节做出了明确规定。2006 年 7 月 23 日，教育部 24 号令指出，高校辅导员要具备较强的组织管理能力和语言、文字表达能力，同时还明确了高校辅导员的配备、选聘、培养、发展、管理和考核要求。2006 年 7 月 30 日，《2006—2010 年普通高等学校辅导员培训计划》从培训目标、任务、原则、保障等方面，对 2006—2010 年的高校辅导员培训做出了明确规定。2013 年 5 月 3 日，中共教育部党组再次制定了《普通高等学校辅导员培训规划（2013－2017 年）》，从培训目标、任务、内容、保障等方面对高校辅导员培训做出了明确规定。2014 年 3 月 25 日，教育部颁布了《高等学校辅导员职业能力标准（暂行）》，构建了高校辅导员队伍职业能力标准体系。2017 年 9 月，教育部修订了 24 号令，重新颁布了教育部 43 号令。教育部 43 号令着眼于解答高校辅导员关切的问题，着力解决队伍建设的重点难点问题，指出新时期高校辅导员应具备较强的组织管理能力、语言文字表达能力、教育引导能力、调查研究能

---

①教育部思想政治工作司组编《加强和改进大学生思想政治教育重要文献选编（1978—2008）》，中国人民大学出版社，2008，第 469 页。

力，以及开展思想理论教育和价值引领的能力。

为推动制度的贯彻落实，2005 年起，教育部连续举办全国高校辅导员班主任骨干示范培训班，系统提升高校辅导员的职业能力。每年选拔优秀辅导员出国研修，帮助高校辅导员开阔视野、增长见识；2006 年开始，分批选拔优秀辅导员攻读思想政治教育专业硕士学位，提升他们的学历水平；2007 年开始在全国优秀教师表彰会上，单列指标表彰优秀辅导员，增强了高校辅导员的职业荣誉感，激发了他们参与培养的积极性；2008 年开始，选拔辅导员骨干攻读思想政治教育专业博士学位，着力培养高级专门人才。成立了全国第一个高校辅导员学术组织——全国高校辅导员工作研究会，促进了高校辅导员之间的学习交流。举办高校辅导员创新论坛，为高校辅导员提供了经验交流平台。开展"全国高校辅导员年度人物"评选活动，选树辅导员先进典型，宣传辅导员先进事迹；2009 年《高校辅导员学刊》、2010 年《高校辅导员》的创刊，不仅为高校辅导员搭建了学术交流平台，也提升了高校辅导员的学术地位；2012 年开始，每年举办全国高校辅导员职业技能竞赛，充分展示了高校辅导员的职业形象；2013 年开始，开展高校辅导员工作精品项目建设，引导高校辅导员加强工作研究、深化实践成效、提升业务能力；2014 年开始实施"高校辅导员访问学者计划"，选派辅导员骨干作为国内访问学者赴教育部高校辅导员培训和研修基地访学研修。在党和国家的倡导下，部分地方和高校积极完善和落实高校辅导员职业能力培养制度。例如，西北农林科技大学重视制度建设，切实推进辅导员队伍建设；陕西省推动编制、保障双倾斜，大力加强辅导员队伍建设；华中农业大学不断创新机制，着力提升辅导员育人能力；天津市构建"五大员"机制，加强大学生思想政治教育工作队伍建设；上海交通大学构建大学生思想政治教育队伍"双驱"联动机制。

第三，培训体系日趋完善。培训是加强高校辅导员职业能力培养的重要途径。近年来，国家和地方采取了一系列措施完善培训体系。2005 年，教育部颁布的《关于加强高等学校辅导员班主任队伍建设的意见》指出，要统筹规划辅导员发展，鼓励和支持辅导员业务进修，向职业化方向发展。《意见》颁布后，地方教育主管部门和高校积极规划，建立分层次、多形式的辅导员培训体系。同年，全国加强和改进大学生思想政治教育工作会议召开。会议强调要重视辅导员培养选拔，关心辅导员成长。2006 年，全国高校辅导员队伍建设工作会议在上海召开。这是新中国成立以来第一次专门就辅导员队伍建设召开的会议。国务委员陈至立在会上强调，要与时俱进，采取措施，着力建设一支高水平的高校辅导员队伍。随后，教育部颁布了 24 号令。教育部 24 号令指出，省、自治区、直辖市教育行政部门应当建立辅导员培训基地，承担所在区域辅导员的岗前培训、日常培训和骨干培训工作。高校负责对辅导员展开系统培训。2006 年 7 月 30 日，《2006—2010 年普通高等学校辅导员培训计划》出台，明确了培训目标、构建了培训体系、加大了培训力度。部分高校通过实施该计划，实现了辅导员思想政治素质、职业素养和业务水平的大幅提升。2007 年，第一批共 21 个教育部高校辅导员培训和研修基地建立，系统开展高校辅导员岗前培训、日常培训和骨干培训，促进了高校辅导员职业能力的提升。2013 年 5 月 3 日，《普通高等学校辅导员培训规划(2013—2017 年)》印发，系统阐述了高校辅导员培训规划。2014 年 3 月颁布的《高等学校辅导员职业能力标准(暂行)》指出，高校辅导员要经过系统的培养与培训，掌握系统的专业技能。2017 年 9 月，教育部 43 号令指出，要建立国家、省级、学校三级培训体系，选拔优秀辅导员参加国内国际交流学习和研修深造，创造条件支持辅导员挂职锻炼，支持辅导员结合工作实践和学科发展开展科研，在做好工作的基础上攻读专业学位，不断提升专业水平和科研能力。

在国家政策的导向下，部分地方和高校在辅导员职业能力培训中形成了一系列典型做法。例如，上海开展高校辅导员队伍建设月系列活动，全方位推动辅导员队伍向着专业化、职业化方向发展；山东深入实施“名师工作室”，扎实推动辅导员队伍向着专业化、职业化方向发展；重庆市通过开展“上岗培训、全员轮训、骨干研修、高端论坛”等组合拳式培训，帮助辅导员全面提升职业技能；湖南商学院开设“谈话技能训练营”，助推辅导员专业化、职业化发展；陕西科技大学通过科学规划顶层设计、搭建核心能力平台、完善考核评价体系等方式，努力打造一支“立场坚定、工作扎实、学校放心、学生信任”的辅导员队伍；重庆师范大学聚焦辅导员专业化、职业化双线协同发展，打造大学生思想政治教育骨干力量；江西师范大学加大培训力度，不断提高学生工作干部队伍的理论素养和工作能力；中国药科大学创新“一口清”管理模式，努力使辅导员成为学生事务的“百事通”。

(2)发展特点

深化发展期，高校辅导员职业能力培养的发展特点为：第一，党和国家高度重视。党和国家高度重视高校辅导员职业能力培养，制定了一系列制度，召开了多次会议对其进行部署。党和国家高瞻远瞩、深谋远虑，促进了高校辅导员职业能力培养的深化发展。在党和国家的正确领导下，部分地方和高校积极采取措施，勇于探索高校辅导员职业能力培养的新思路、新方法、新途径。第二，培养内容更加丰富。中央 16 号文件颁布后，高校辅导员称谓由“政治辅导员”转变为“辅导员”。2008 年，为顺利开展普通高等学校辅导员队伍建设情况自查工作，教育部对专职辅导员、一线专职辅导员、兼职辅导员的界定范围做了明确说明。高校辅导员称谓由“政治辅导员”转变为“辅导员”，意味着高校辅导员的工作内容不单是思想理论教育，还包括价值引领、发展指导、事务管理等。面对新形势、新变化，高校辅导员职业能力培养的内容更加丰富，不仅包括思想理论教育和价值引领能力，还涵盖党团和班级建设能力、学风建设能力、日常事务管理能力、心理健康教育与咨询能力、网络思想政治教育能力、校园危机事件应对能力、职业规划与就业创业指导能力、理论和实践研究能力等。第三，培养方式更加多样。学位进修、在职培训、社会考察、出国研修、访问交流、挂职锻炼等培养方式在这一时期得到充分运用。第四，培养机制不断健全。这一时期，初步建立了高校辅导员双重领导体制和业内发展机制，为高校辅导员职业能力培养提供了机制保障。第五，培养效果显著。这一时期的培养活动效果显著，既培养了一批能力过硬的大学生思想政治教育实践工作者，也造就了一大批大学生思想政治教育专家、学者。

（二）我国高校辅导员职业能力培养的经验总结

考察我国高校辅导员职业能力培养发展历程，还原历史、再现原貌，旨在总结历史经验，指导当下实践。通过对我国高校辅导员职业能力培养表现和特点的历史考察，我们得出了如下结论。

1.必须高度重视职业能力培养

大学生思想政治教育能否加强和改进，大学生能否健康成长和全面发展，关键在于能否建设一支业务能力精湛的高校辅导员队伍。高度重视高校辅导员职业能力培养是我国的政治优势和优良传统。自高校辅导员制度建立以来，国家、地方、高校日益重视辅导员职业能力培养。经过60多年的发展，高校辅导员职业能力培养不断加强，既培养了一批能力过硬的大学生思想政治教育实践工作者，也造就了一大批大学生思想政治教育专家、学者，其中不乏在建设中国特色社会主义、实现中华民族复兴的伟大实践中发挥骨干作用的治国之才、兴业之将，有的还担任了党和国家领导人。当然，历史中也有放弃或忽略高校辅导员职业能力培养的错误做法。高校辅导员职业能力培养的发展历程表明：必须高度重视高校辅导员职业能力培养。什么时候重视了职业能力培养，高校辅导员队伍建设就会得到加强；什么时候忽略了职业能力培养，高校辅导员队伍建设就会受到削弱。

2.必须秉承与时俱进的精神

高校辅导员职业能力培养必须秉承与时俱进的精神。在我国，高校辅导员职业能力培养在高校辅导员制度60多年的发展历程中，随时代变迁、社会进步、大学生发展期待和高校辅导员职业能力的新变化与时俱进，具体表现为：培养制度随实践发展不断创新，为高校辅导员职业能力培养提供了根本保障；培养内容随不同时期大学生思想政治教育任务的新变化不断更新；培养途径积极拓展，增强了针对性、实效性；培养环境不断优化，促使了良好的政策环境、积极的舆论环境和舒适的工作环境的形成。高校辅导员职业能力培养的发展历程表明：高校辅导员职业能力培养必须秉承与时俱进的精神，才能体现时代性、把握规律性、富于创造性。

3.必须完善培养制度

制度是根本，制度管长远。制度建设能为高校辅导员职业能力培养提供根本保障。自高校辅导员制度建立以来，国家建立起了一套高校辅导员选拔、培训、激励和保障的体制机制，为高校辅导员职业能力培养营造了良好的制度氛围。在国家制度的宏观指导下，部分地方和高校结合自身实际完善高校辅导员职业能力培养制度，保证了国家制度在地方和高校的实施。

高校辅导员职业能力培养的发展历程表明：要促使高校辅导员职业能力培养长足、稳定发展，必须建章立制，使其有制可依、有制必依。当前，我国高校辅导员职业能力培养的制度虽不断创新，但仍需完善。完善高校辅导员职业能力培养制度，必须根据时代发展和环境变化，立足大学生思想政治教育发展需要和高校辅导员职业能力现状，建立一套既立足当前，解决突出问题；又着眼长远，保证纵深推进的领导体制和管理机制。与此同时，还应制定一系列配套措施将制度落到实处。

4.必须丰富培养形式

丰富形式不仅能增强高校辅导员职业能力培养的吸引力，还能增强实效性。长期以来，国家颁布的文件反复强调要采用多种形式加强高校辅导员职业能力培养。而地方和高校也结合自身实际，积极探索个性化形式开展高校辅导员职业能力培养。高校辅导员制度建立 60 多年来，学位进修、在职培训、挂职锻炼、社会调查、参观访问、岗位交流、专家讲座、学术交流、出国研修、科学研究等在高校辅导员职业能力培养中发挥了重要作用。高校辅导员职业能力培养的发展历程证明：高校辅导员职业能力培养必须丰富形式，才能顺利实现培养目标，圆满完成培养任务。当前，我国高校辅导员职业能力培养的形式虽不断丰富，但多样化的培养形式没有在现实运行中发挥整体效应。今后，应在不断丰富培养形式的基础之上充分发挥多种培养形式的整体协同作用。

5.必须坚持专业化、职业化

坚持专业化、职业化有利于突破高校辅导员队伍建设的瓶颈，促进高校辅导员职业能力培养的可持续发展。应高等教育大众化发展趋势和高校辅导员内在发展诉求，高校辅导员职业能力培养正朝着专业化、职业化方向发展。自高校辅导员制度建立以来，高校辅导员职业能力培养坚持专业化、职业化的举措主要有：第一，加强学科建设。学科建设能为高校辅导员职业能力培养提供学科支撑。我国高度重视思想政治教育学科建设，培养大学生思想政治教育专门人才。从 1984 年思想政治教育专业设立至今，初步形成了包括本科、硕士、博士在内的人才培养体系。这种正规化的培养方式为高校辅导员职业能力培养提供了学科支撑，造就了一大批业务能力过硬的高校辅导员。近年来,部分高校开设了高校辅导员专业,通过专业教育对潜在的高校辅导员进行职业能力培养,为其将来从事辅导员工作做准备。第二,颁布职业能力标准。职业能力标准有利于促进高校辅导员专业化发展,有利于丰富高校辅导员职业内涵,有利于增强高校辅导员职业认同。2014 年 3 月,教育部颁布了《高等学校辅导员职业能力标准(暂行)》,分别对初级、中级、高级辅导员的职业能力标准进行了诠释。这为加强高校辅导员职业能力培养提供了政策依据。第三,成立专业协会。专业协会能为高校辅导员职业能力培养营造浓厚的专业发展氛围。近年来,我国越来越重视专业协会的作用,分别成立了思想政治教育研究分会、学生工作研究分会、毕业生就业指导分会等专业协会①。综上,高校辅导员职业能力培养的发展历程表明:培养必须坚持专业化,才能摆脱低水平重复状态;必须坚持职业化,才能实现可持续发展。当前,我国高校辅导员职业能力培养正朝着专业化、职业化方向发展。但总的来说,专业化、职业化水平还不高,部分高校辅导员缺乏从事大学生思想政治教育与日常事务管理的专业知识和职业技能。今后,高校辅导员职业能力培养必须继续坚持专业化,进一步加强学科建设,建立专业组织,完善课程体系和教材体系,组建专业师资队伍,组织专业实践。继续坚持职业化,依据职业定位开展培养,贯彻落实职业能力标准,加强职业能力规划。

二、国外高校学生事务管理者职业能力培养及启示

国外虽没有高校辅导员这一特定称谓,但客观上存在着一个与此类似的职业群体,他们在高校从事学生的教育、管理和服务工作,被称为学生事务管理者。研究国外高校学生事务管理者职业能力培养,有助于在交流交融、互学互鉴中深化对我国高校辅导员职业能力培养本质和规律的认识。在世界高校学生事务管理者职业能力培养实践中,美国、英国、德国等国特点显著、影响深远。本书将坚持以我为主、为我所用的原则,力图通过对美国、英国、德国等国高校学生事务管理者职业能力培养的典型考察,从共性

---

①朱正昌:《高校辅导员队伍建设研究》,人民出版社,2010,第 117 页。

特征中揭示出一般规律，从而为我国的高校辅导员职业能力培养提供借鉴和启示。

（一）国外高校学生事务管理者职业能力培养的发展历程和特点

国外高校学生事务管理者职业能力培养源于高校学生事务管理工作的需要，其后随着高等教育大众化和现代大学制度的建立得到快速发展，现在正朝着专业化、职业化方向深入发展。综观国外高校学生事务管理者职业能力培养发展历程，可将其培养模式分为外部培养模式和内部培养模式。美国、英国、加拿大等国实行的是典型的内部培养模式，德国、法国等国实行的是典型的外部培养模式。

1.美国高校学生事务管理者职业能力培养的发展历程和特点

美国高校学生事务管理者职业能力培养采用的是典型的内部培养模式。学生事务管理工作由高校自身承担，对学生事务管理者的职业能力培养也主要由高校组织。

(1)美国高校学生事务管理者职业能力培养的发展历程

美国高校学生事务管理者职业能力培养起源于现实需要，发展于高等教育大众化阶段，伴随着学生事务管理范式的演变经历了一个由无到有、由萌芽到成熟的发展过程，现在正朝着专业化、职业化方向深入发展。

第一，兼职学生事务管理者培养时期。从 1636 年哈佛学院创立到 19 世纪前期，美国高校学生事务管理范式是“替代父母制”①。“替代父母制”的特点是学校代替父母对学生进行严格教育和管理。这一时期，没有专职的学生事务管理者，教师既是牧师，也是学生生活上的指导者，对学生进行道德监督和行为控制②。为了将教师训练成能对学生进行严格管教的德育导师，学校开始对兼职从事学生管理的教师开展学生事务管理能力培训。培训主体主要是学校，校外培训机构较少。培训内容包括道德监督、学习指导、宿舍管理、纪律管理、精神指导、医疗服务等。培养形式较为单一，主要

---

①周家伦主编《高校辅导员：理论、实务与开拓》，同济大学出版社，2011，第 116 页。

②李永山：《美国大学学生事务管理人员职业发展过程及启示研究》，合肥工业大学博士论文，2013，第 30 页。

通过工作实践和零散培训进行。

第二，专职学生事务管理者培养时期。19世纪中期到二战，美国高校学生事务管理工作进入学生人事工作阶段[①]。南北战争后，美国高等教育从精英教育向大众教育转变，学生来源的复杂性和发展需求的多样性，增加了学生事务管理工作的难度。应对现实变化，美国高校学生事务管理工作不再由教师兼任，专门从事学生事务管理工作的专职人员由此出现。与此同时，受德国"研究性大学"办学思想的影响，美国高校教师将主要精力投入科学研究，无暇顾及学生事务。在高等教育大众化和研究型大学办学思想的双重影响下，学生事务开始从学术事务中分离，这就需要掌握一定专业知识和职业技能的专职学生事务管理人员为学生提供专业化服务[②]。19世纪末，学生事务管理人员培训机构相继成立，开始有目的、有计划、有组织地对学生事务管理人员开展职业能力培养。聘请专业人员，开展专业化培训成为这一时期的显著特点。1908年，美国成立了第一家专门的青年成长辅导中心。辅导中心不仅肩负着辅导学生成长的职责，也对学生事务管理人员开展学业辅导能力、职业咨询能力、心理辅导能力、经济帮助能力、毕业安置能力、社会活动指导能力等方面的培训。1913年，美国授予了第一个学生人事工作硕士学位，开启了高校学生事务专业人员培养的先河。1937年，美国教育委员会颁布了《学生人事工作宣言》，标志着学生事务正式从学术事务中分离出来[③]。学生事务和学术事务的正式分离，促进了美国高校专职学生事务管理者职业能力培养的初步发展，培养内容更丰富，培养形式更多样。

第三，专业化发展时期。二战后到20世纪中期，美国出现了学生咨询服务运动，高校学生事务管理工作进入学生服务阶段[④]。在学生服务阶段，学生事务管理者的主要职责就是为学生提供更好的服务，高校学生事务管理者职业能力培养的内容也是基于此。1948年，美国已有50多所高校开展

---

①周家伦主编《高校辅导员：理论、实务与开拓》，同济大学出版社，2011，第116页。

②李永山：《美国大学学生事务管理人员职业发展过程及启示研究》，合肥工业大学博士论文，2013，第32页。

③周家伦主编《高校辅导员：理论、实务与开拓》，同济大学出版社，2011，第117页。

④周家伦主编《高校辅导员：理论、实务与开拓》，同济大学出版社，2011，第117页。

学生事务管理者职业能力培训，其中有37所设有硕士和博士培养课程[①]。1964年，“高等教育学生人事工作者硕士培养指导大纲”颁布，美国高校学生事务管理者专业化培养逐步进入有目的、有组织的发展阶段[②]。为了给学生提供更专业的服务，学校重视对学生事务管理者学习指导能力、职业指导能力、心理咨询能力、食宿服务能力、社团活动辅导能力、课外活动指导能力、危机处置能力、经济资助能力和健康服务能力等专业能力的培养。培养形式有学位进修、业务培训、课程教育等。

第四，多样化发展时期。20世纪60年代到90年代初，美国高校学生事务管理工作进入学生发展阶段。20世纪60年代，受学潮影响，美国学术领域首次将大学生作为独立研究对象，学生发展理论形成。学生发展理论强调高校学生事务管理者应是“学生发展的教育者”[③]，帮助学生认识自我并致力于专业学习。学生发展理论对高校学生事务管理者专业化发展产生了重要影响，成为其理论基础和学说支撑，推动着高校学生事务管理者职业能力培养的发展。为了更好地促进学生发展，学校积极采用多种形式开展高校学生事务管理者职业能力培养，如个人学习、项目培训、参加专业团队、业务学习、参加专业协会等[④]。在促进高校学生事务管理者职业能力培养方式多样化发展的同时，美国还重视对培养的规范化管理。20世纪60年代开始，美国不仅制定了学生事务管理人员培训的标准和文件，还开设了专业课程。70年代开始，设置了学生事务管理博士点，培养学生事务管理高级专门人才。80年代，颁布了《学生事务专业人员硕士水平培养指导大纲和专业标准》，明确规定了学生事务管理者硕士培养课程。这些都为美国高校学生事务管理者职业能力培养的规范化发展提供了制度支撑。

第五，职业化发展时期。20世纪90年代至今，美国高校学生事务管理工作进入促进学生学习发展阶段[⑤]。1994年，美国学者提出了SLI(Student

---

①朱正昌:《高校辅导员队伍建设研究》,人民出版社,2010,第72页。

②李永山:《美国大学学生事务管理人员职业发展过程及启示研究》,合肥工业大学博士论文,2013,第32页。

③周家伦主编《高校辅导员:理论、实务与开拓》,同济大学出版社,2011,第117页。

④朱正昌:《高校辅导员队伍建设研究》,人民出版社,2010,第76页。

⑤周家伦主编:《高校辅导员:理论、实务与开拓》,同济大学出版社,2011,第117页。

Learning Imperative)理论,强调促进学生学习发展是学生事务的主要内容。至今,美国高校学生事务管理工作都受此理论的影响[①]。高校学生事务管理者主要扮演学生学习的指导者,参与学生学习。为了将高校学生事务管理者培养成能促进学生学习与发展的专业人员,美国积极采用多种形式加强高校学生事务管理者专业能力培养。正式的培养形式有:学位教育、技能培训、课程教育、学习交流、专业建设、专业协会等。非正式的培养形式有研讨会、工作坊、午餐会等。此外,美国还十分重视对学生事务管理者进行岗位培训。上岗前必须参加岗前培训,上岗后还要参加定期培训[②]。培养内容紧扣高校学生事务管理者的职业定位和工作职责,包括学业辅导能力、心理咨询能力、职业指导能力、宿舍管理能力和社会化辅导能力等。进入21世纪,为适应现实工作需要和未来发展要求,美国高校学生事务管理者职业能力培养加快了职业化建设进程,着力推进可持续发展。

(2)美国高校学生事务管理者职业能力培养的发展特点

美国高校学生事务管理者职业能力培养在发展中呈现出以下特点:第一,专业化。美国有包括专业学士、硕士、博士在内的学生事务管理专业体系,包括学历教育和在职培训在内的专业培养途径,以及较为系统的学生事务管理专业培养课程。此外,成立专业协会、出版专业期刊、制定专业标准、提供专业培训、举办学术交流、发展专业合作等举措推动着美国高校学生事务管理者职业能力培养的专业化发展。第二,职业化。美国的高校学生事务管理者准入门槛较高,一般要求具有相关专业硕士学位,具备学业指导、事务管理、心理咨询、就业指导、科学研究、理论学习等职业能力,并且要通过美国学生人事协会的职业测试和职业培训,这就从源头上确保了高校学生事务管理者的质量。美国对高校学生事务管理者职业能力培养的职业化要求也比较高,在培养目标、任务、内容、形式等方面做出了严格规定。第三,规范化。美国重视高校学生事务管理者职业能力培养的规范化,早在20世纪60年代CAS就颁布了《学生事务专业人员硕士水平培养指导大纲和专业标准》。该标准分别在2003年、2006年与时俱进地进行了修订,促进

①张再兴等:《高校辅导员队伍建设理论与实践》,人民出版社,2011,第268—269页。

②朱正昌:《高校辅导员队伍建设研究》,人民出版社,2010,第76页。

了美国高校学生事务管理者职业能力培养的规范化发展。此外,设立学生人事研究所、制定学生事务管理者职业技能标准等,也在一定程度上助推了培养的规范化发展。第四,多样化。美国高校学生事务管理者职业能力培养的多样化表现在诸多方面,如培养主体多元化,既包括高校也包括校外培训机构;培养内容多面化,涵盖学业指导、心理咨询、就业指导、事务管理等;培养形式多样化,包括学位教育、职前和在职培训、继续教育、工作研修、访问交流、专业协会、科学研究等;培养类型和层次多级化。美国高校以工作职责为划分标准,将学生事务管理者分为学习辅导员、心理辅导员、职业辅导员、住宿辅导员等不同类型;以工作职级为划分标准,将学生事务管理者分为初级、中级和高级等不同层次;以职业发展阶段为划分标准,将学生事务管理者职业能力培养分为专业准备和继续发展。面对不同类型、层次、职业发展阶段的高校学生事务管理者,职业能力培养的要求、内容、方式不尽相同。

2.英国高校学生事务管理者职业能力培养的发展历程和特点

英国高校学生事务管理者职业能力培养进行得较早,个人导师制是其显著特征。伴随高等教育的大众化,英国高校学生事务管理者职业能力培养朝着专业化、职业化、多样化的方向发展。

(1)英国高校学生事务管理者职业能力培养的发展历程

在英国高等教育 800 多年的发展历程中,伴随高等教育从精英教育向大众教育的转变、学生事务管理范式从传统支持服务向现代专业化的发展,英国高校学生事务管理者职业能力培养经历了深刻变革。

第一,个人导师培养时期。12 世纪初,牛津大学、剑桥大学创立之后,教师被赋予替代父母的角色,学生事务管理是他们的一项基本职责。这就是早期的个人导师制。早期的个人导师主要为学生提供道德教育、纪律监督和事务管理等宗教意味较强的支持服务。这种传统的支持服务模式一直持续到 20 世纪 60 年代。为了促使个人导师更好地为学生提供支持服务,英国高校开始对个人导师进行学生事务管理能力培养。培养内容涉及道德教育、纪律监督、宿舍服务与管理、饮食服务、经济资助等方面。培养形式主要是职前培训和在岗培训。

第二,专业化发展时期。20世纪60年代,英国高等教育步入大众化发展阶段,传统支持服务模式面临挑战。为了应对挑战,英国确立了“以服务促发展”的学生事务管理理念。受此理念的影响,长期受财政困扰的理工学院率先设立学生服务机构,为学生提供医疗服务、住宿服务、咨询服务和职业辅导服务等专业服务。这标志着英国高校学生事务管理工作进入专业化发展阶段。随后,大批学生服务部门成立。为了给学生提供更专业的服务,学生服务部门重视对员工职业能力的培养,尤其重视对员工学业指导能力、心理咨询能力、职业辅导能力、健康关怀能力、经济资助能力等专业能力的培养。对个人导师的学生事务管理能力培养也呈现出专业化发展趋势。20世纪70年代末,英国高校学生事务专职人员产生,这不仅使英国高校有了一支稳定的学生事务管理队伍,也推动着英国高校学生事务管理者职业能力培养的专业化发展。

第三,多样化发展时期。20世纪70年代末80年代初,英国高等教育实现了从精英教育向大众教育的转变。随着高等教育的大众化发展,英国高校师生比例攀升,学生事务管理队伍的数量严重不足。为此,英国高校选拔了大批职业能力强的人加入学生事务管理队伍,从源头上保证了培养质量。1990年,牛津大学创立朋辈辅导,协助开展学生事务管理工作。学校定期对朋辈辅导人员进行多样化培训,全面提升职业能力。1993年,英国颁布了《高等教育宪章》,学生被赋予顾客的角色,有权享受学校提供的各种专业服务。为了更好地给学生提供专业服务,英国重视对高校学生事务管理者职业能力的多样化培养。培养内容丰富,涉及学业指导、职业辅导、心理咨询、医疗服务、经济资助、住宿服务等方面。培养形式多样,包括学位进修、业务培训、课程教育、学术交流等。

第四,专业化、职业化发展时期。21世纪,英国高校学生事务管理工作已实现从传统辅导模式向现代专业化模式的转变。这一时期,英国高校和校外服务机构积极采用多种形式推进高校学生事务管理者职业能力培养的专业化、职业化发展。例如,英国很多高校都设有员工培训发展中心,为员工提供培训服务。其中一个很重要的培训内容就是“对学生的支持”能力的培训。"对学生的支持"能力的培训就是对学生事务管理能力的培训[①]。这一时期,英国高校学生事务管理者职业能力培养的涵盖面更广,凡是与学生切身利益、个人发展相关的职业能力都被纳入培养范围,如学业指导能力、职业指导能力、心理咨询能力、健康关怀能力、校园活动管理能力、经济资助能力、生活服务能力等。其中,英国高校极为重视对学生事务管理者就业指导能力的培养,通过各种形式向学生事务管理者灌输就业市场观念,发放就业辅导材料,举办专门针对学生事务管理者的就业辅导培训[②]。与此同时,还积极采用以下形式促进高校学生事务管理者职业能力培养的专业化、职业化发展:利用专业协会开展职业能力资格考试,严把入口关;组织职前和在职培训,分层次提升职业能力;举办学术交流,营造业内共享学术理论成果的良好氛围;创办学术刊物,提供学术交流平台;鼓励个人导师之间开展传、帮、带,促进互学互鉴。

(2)英国高校学生事务管理者职业能力培养的发展特点

英国高校学生事务管理者职业能力培养在发展中呈现出以下特点:第一,个人导师制。个人导师制是英国高校学生事务管理工作的一大特色,英国几乎所有高校都实行个人导师制。英国高校重视对个人导师的职业能力培训,例如对刚走上工作岗位的新教师开展导师工作方面的培训,使其初步了解学生事务管理工作。对在岗的个人导师开展岗位培训,系统提升其学生事务管理能力。第二,专兼结合。英国高校的学生事务与学术事务是合二为一的。高校教师在从事教学科研工作的同时,还要兼任学生个人导师。在英国,除了个人导师为学生的发展提供服务外,还有学生服务管理部门统筹规划全校的学生事务管理工作。学校不仅对兼职的个人导师开展事务管理能力培养,还对专职的学生服务管理部门工作人员开展事务管理能力培养,二者的要求、内容、方式不尽相同。第三,分类培养。英国高校不仅重视从整体上提升学生事务管理队伍的职业能力,还注重对不同类型、层次的学生事务管理者进行职业能力培养。第四,注重培养的专业化、职业化。英国

---

①夏晓虹:《从英国导师制看我国高校辅导员队伍建设》,《思想教育研究》2008年第1期,第47页。

②张再兴等:《高校辅导员队伍建设理论与实践》,人民社出版社,2011,第279页。

高校通过规划职业生涯、设立从业标准、成立专业协会、开展职业培训等锻造学生事务管理者成为行家里手。尤其是在职业培训方面,重视培训的专业性和实用性,培训内容专业而翔实,培训方式丰富而实用。

3.德国高校学生事务管理者职业能力培养的发展历程及特点

德国高校学生事务管理者职业能力培养采取的是典型的外部培养模式,主要由校外的社会服务机构承担,体现出高度社会化的特征。

(1)德国高校学生事务管理者职业能力培养的发展历程

从19世纪开始,德国高校学生事务管理者职业能力培养就走上了一条有别于英美的发展道路。

第一,初步探索时期。19世纪,德国高等教育是世界高等教育的典范。1810年创建的洪堡大学是19世纪德国最有代表性的大学。洪堡大学主张教学与研究的统一,以追求知识和学术为教育的最终目的。受洪堡大学办学思想的影响,德国高校学生事务管理走上了一条有别于英美的发展道路。高校将学生事务管理工作维持在最低限度,绝大部分交由校外的社会服务机构承担[①]。相应地,高校师资队伍建设的重点放在了教学科研能力的培养上,对学生事务管理能力的培养并不重视。教师也将主要精力放在教学研究上,不重视学生事务管理能力的培养。学生事务和学术事务的分离,催生了以学生事务管理为主要工作内容的专业服务机构和专职人员。为了促使高校学生事务管理工作能够顺利开展,德国开始对学生事务专业服务机构的专职人员开展职业能力培养。这一时期的培养处于初步探索阶段,培养内容侧重于精神健康服务和心理辅导,培养形式主要是培训和学术研究。

第二,专业化发展时期。一战后,德国的高校仍坚持"教学研究合一"的办学思想,将学生事务管理工作交由日益兴起的大学生服务机构负责。1919年,大学生互助协会成立,主要负责高校学生事务管理工作。1921年,大学生互助协会更名为"大学生服务中心"。为了促使高校学生事务管理工作的顺利开展,大学生服务中心日益重视对工作人员职业能力的培养。培养内容涉及学业指导、心理辅导、饮食起居、社会保障等方面。培养过程中,

---

①朱正昌:《高校辅导员队伍建设研究》,人民出版社,2010,第94页。

既重视选聘职业能力强的人加入大学生服务中心，从源头上保证工作人员的质量，又注重通过业务培训、实践锻炼提升职业能力。20世纪60年代，随着高等教育的大众化，学生发展需求日益多样化、复杂化，专注于知识传授和理论研究的德国高校已经难以应付学生事务管理工作出现的新情况。为了解决高校学生事务管理工作出现的新情况，大学生服务中心建立了专门的服务体系，致力于为大学生提供专业化的服务。例如，大学生服务中心对工作人员提出了较高的职业能力准入要求，具备较强职业能力和较丰富实践经验的人才可进入大学生服务中心。高校学生事务管理者职业能力培养的范围也不断延展，包括学业指导能力、心理咨询能力、就业指导能力、食宿管理能力、勤工助学和资助服务能力、文化活动指导能力、法律咨询能力等。职业能力培养的方式也不断拓展，包括学位进修、在职培训、学术交流、专业协会、理论研究等。

第三，快速发展时期。现在，大学生服务中心已发展成德国一个现代化的服务机构。该机构在全国有62个服务中心，116万工作人员，为全国大学生提供服务[①]。虽然大学生服务中心是独立于高校而运作的，但德国极为重视大学生服务中心在人才培养中的作用，将大学生服务中心纳入事业单位，按企业模式运行，国家从宏观上对其进行统一管理和组织。国家对大学生服务中心的高度重视为学生事务管理者职业能力培养营造了良好的社会环境。大学生服务中心的工作人员有更多机会参加各种形式的职业能力培养，培养效果也比较显著，为德国高校学生事务管理提供了有力的人才支撑。

(2)德国高校学生事务管理者职业能力培养的发展特点

德国高校学生事务管理者职业能力培养在发展中呈现出以下特点：第一，企业化。德国负责学生事务管理的大学生服务中心是事业单位，按企业模式运作。学生事务管理者职业能力培养也是按照企业化方式进行的，根据聘任上岗的总经理和工作人员的实际情况分类开展职业能力培养。第二，专业性。德国大学生服务中心的工作人员要求具备学生事务管理的专业学科背景、专业理论知识和专业实践经验。例如，对从事学生职业生涯辅

---

①朱正昌：《高校辅导员队伍建设研究》，人民出版社，2010，第96页。

导工作的人员一般要求具备教育学、心理学等专业学科背景，并且要接受系统的专业学习和专业培训。专业学习和专业培训内容包括教育学、心理学、社会学、经济学、人力资源管理等。培训过程强调理论与实践的结合，既注重专业理论传授又重视专业实践操作①。第三，综合性。德国大学生服务中心的工作人员既要为学生的饮食起居提供服务，还要为学生的专业学习、心理健康、职业选择、文化活动、社会保障等提供服务。因而，德国不仅重视对工作人员日常事务管理能力的培养，还注重对其学业指导能力、心理咨询能力、就业指导能力、文化活动指导能力、社会保障服务能力等的培养。

（二）国外高校学生事务管理者职业能力培养对我们的启示

考察美国、英国、德国等国高校学生事务管理者职业能力培养的发展历程，旨在提炼共性特征、揭示一般规律，为我国提供借鉴、启示。但是，“橘生淮南则为橘，生于淮北则为枳。”国外高校学生事务管理者职业能力培养经验必须与我国具体国情相结合，坚持以我为主、为我所用的原则。

1.重视培养制度的完善

完善培养制度，促进高校学生事务管理者职业能力培养的规范化发展，这是国外高校学生事务管理者职业能力培养的共同特点。美国高校学生事务管理者职业能力培养有健全的领导体制和管理体制，学校层面统一领导和管理全校的高校学生事务管理者职业能力培养工作。英国有完善的考核机制，从高校、学生、学生事务管理者三个方面对高校学生事务管理者职业能力培养进行综合考核，将短期考核和长期考核结合起来，形成对高校学生事务管理者职业能力培养效果全面、客观的评价。英国还有健全的激励机制，从职务晋升、学位进修、基金项目、医疗保险等方面激励高校学生事务管理者提升职业能力。在我国，党和国家制定了一系列制度以促进高校辅导员职业能力培养规范化发展，但制度的落实还不够到位。要促进我国高校辅导员职业能力培养规范化发展，就必须完善培养制度，尤其要完善培养体制和机制。体制建设中要重点完善领导体制和管理体制，以明确领导责任和管理关系。机制建设中要重点完善准入机制、培训机制、考核机制、激励

---

①周家伦主编《高校辅导员：理论、实务与开拓》，同济大学出版社，2011，第 146 页。

机制和保障机制，为各项培养措施的落实提供保障。

2.坚持培养的专业化

坚持培养的专业化，提升高校学生事务管理者职业能力培养的专业化水平，这是国外高校学生事务管理者职业能力培养的成功经验。美国充分利用专业学位教育、专业培训、专业课程教育、专业学科建设、专业协会等提升高校学生事务管理者的职业能力。德国对大学生服务中心工作人员采取了严格的职业能力准入标准，具备高校学生事务管理相关专业背景，能为学生的饮食起居、专业学习、心理健康、职业选择、社会保障等提供专业服务的人方能进入大学生服务中心。目前，我国大学生思想政治教育面临着诸多困难和挑战。实效性较差、吸引力不足已成为大学生思想政治教育的瓶颈。高校辅导员职业能力培养的专业化水平不高是一大原因。诚然，我国早在1984年就开始采用正规化方式培养高校辅导员职业能力，但由于在推进专业化发展进程中缺乏具体的实施策略，收效尚不十分明显。长期以来，学科定位不明、专业课程建设不系统、专业教材建设不系统、专业组织发展滞后、专业师资队伍缺乏等现实问题一直困扰着高校辅导员职业能力培养，也严重影响了培养的专业化水平。国外高校学生事务管理者职业能力培养的成功经验表明：高校辅导员职业能力培养必须坚持专业化，在加强学科建设、建立专业组织、制定专业实践标准、建立专业课程体系、加强专业师资队伍建设等方面，积极探索适合我国国情的措施，着力提升高校辅导员职业能力培养的专业化水平。

3.坚持培养的职业化

坚持培养的职业化，促进高校学生事务管理者职业能力培养的可持续发展，这是国外高校学生事务管理者职业能力培养的共性特征。美国制定了明确的高校学生事务管理者职业能力标准，应聘者要具备事务管理能力、心理咨询能力、职业指导能力，通过美国学生人事协会考试和培训方能从事高校学生事务管理工作。英国在开展高校学生事务管理者职业能力培养时，通过规划职业生涯、设立职业标准、开展职业培训等锻造高校学生事务管理者成为行家里手。反观我国高校辅导员职业能力培养现状：高校辅导员来源多样化，队伍缺乏系统的职业培训，大多数高校辅导员仍处在经验型和事务型的工作状态。国外高校学生事务管理者职业能力培养的成功经验表明:高校辅导员职业能力培养必须坚持职业化,依据高校辅导员的职业定位开展职业能力培养,制定明确的高校辅导员职业能力标准,制定严格的高校辅导员准入制度,加强高校辅导员职业能力规划,以此促进高校辅导员职业能力培养的可持续发展。

4.注重培养的多样化

注重培养的多样化,增强培养的吸引力和实效性,这是国外高校学生事务管理者职业能力培养的共性特征。国外高校学生事务管理者职业能力培养的多样化表现在诸多方面。美国积极采用学位进修、业务学习、项目培训、专业协会等方式提升高校学生事务管理者职业能力。英国不仅重视从整体上提升高校学生事务管理者的职业能力,还注重对不同类型、不同层次的高校学生事务管理者开展职业能力培养。德国不仅重视对大学生服务中心工作人员事务管理能力的培养,还注重对其学业指导能力、心理咨询能力和就业指导能力等的培养。当前,我国积极采用多种形式开展高校辅导员职业能力培养,但培养的多样化还不够凸显。例如国家虽建立了21个高校辅导员培训和研修基地,但这些基地的培训特色彰显不够。又如《高等学校辅导员职业能力标准(暂行)》明确将高校辅导员分为初级、中级和高级等不同级别,但很多高校并没有根据辅导员的实际情况开展分类、分级培养。借鉴国外高校学生事务管理者职业能力培养的成功经验,我国高校辅导员职业能力培养应注重多样化,切实做到培养主体多元化、培养内容多面化、培养形式多样化、培养层次多级化。

第四章　高校辅导员职业能力培养的现状分析

对高校辅导员职业能力培养的现状进行分析，客观认识取得的主要成绩，准确找出存在的突出问题，深入剖析问题存在的原因，能为精准施策提供现实依据。为了准确把握高校辅导员职业能力培养的现状，本书采用问卷调查（辅导员问卷和学生问卷共 1000 份）、专题座谈、个别访谈等调查研究方法抽样调查了全国 16 所高校的辅导员职业能力培养现状，同时采用典型案例分析法对第一批教育部高校辅导员培训和研修基地部分高校的辅导员职业能力培养现状进行了分析。在此基础上，解析了当前高校辅导员职业能力培养取得的主要成绩、存在的突出问题及问题存在的主要原因。

一、高校辅导员职业能力培养取得的主要成绩

近年来，在党和国家的正确领导下，地方和高校日益重视辅导员职业能力培养，使得这支队伍的职业能力不断提升，在一系列重要事件、重大活动、重点时期发挥了显著作用，成为促进学生健康成长、维护学校和谐稳定的中坚力量①。

（一）培养理念不断更新

理念是行动的先导，渗透在培养目标、内容、方法、途径、机制等各方面。近年来，国家、高校和辅导员不断更新培养理念，促进了高校辅导员职业能力培养向纵深方向发展。

1.国家与时俱进更新培养理念

国家是高校辅导员职业能力培养的顶层设计者。国家对高校辅导员职业能力培养的认知和态度，直接关涉着培养的系统规划和整体调控。近年来，国家高度重视大学生思想政治教育，切实加强高校辅导员队伍专业化、职业化建设，与时俱进更新培养理念，具体表现为：第一，培养理念更开放。在经济全球化、政治多极化、文化多样化和社会信息化的现代社会，党和国家克服传统高校辅导员职业能力培养囿于地区、学校、课堂、书本的局限，积极推动开放化培养体系的建立。例如，2013 年，为进一步提高辅导员培训

①杜玉波：《提升理论素养 增强职业能力 切实加强高校辅导员队伍建设》，《高校辅导员》2016 年第 3 期，第 3 页。

质量，推进辅导员队伍建设，教育部颁布了《普通高等学校辅导员培训规划(2013—2017年)》。《规划》指出，继续依托国家教育行政学院、教育部高校辅导员培训和研修基地等单位举办全国高校辅导员示范培训。《规划》还指出，要建立全国高校辅导员培训专家库，不仅要将思想政治教育学科的专家和中青年理论骨干吸收到专家库中，还要从学校党政领导、相关部门负责同志，离退休教授和优秀辅导员中选聘培训师资，构建开放型师资格局，加强师资共享。2017年，为切实加强高等学校辅导员队伍专业化职业化建设，教育部修订了《普通高等学校辅导员队伍建设规定》，颁布了43号令。《规定》指出，要积极选拔辅导员参加国内国际交流学习和研修深造，支持高校辅导员到地方党政机关、基层、企业等挂职锻炼。第二，培养理念更先进。国家适应时代发展和社会进步，打破传统高校辅导员职业能力培养的滞后发展模式，不仅推动培养向纵深方向发展，还促使培养与社会发展总体进程相协调。例如，2006年，为了加强辅导员培训工作，教育部印发了《2006—2010年普通高等学校辅导员培训计划》。通过实施该计划，高校辅导员的职业素养和业务水平得到了大幅度提升。2013年，为了进一步提高辅导员培训质量，教育部又印发了《普通高等学校辅导员培训规划(2013—2017年)》。相比2006年，2013年的《规划》对培养目标、培养内容、主要任务和保障措施等进行了修订，提出了更先进的培养理念。又如，2006年，为了切实加强高等学校辅导员队伍建设，教育部颁布了24号令。这为加强高校辅导员职业能力培养提供了政策导向和行动指南。2017年，为了切实加强辅导员队伍专业化、职业化建设，教育部修订了24号令，颁布了43号令，不仅明确规定了高校辅导员应具备的职业能力，还从配备与选聘、发展与培训、管理与考核等方面提出了更先进的培养理念。第三，培养理念更多样。随着实践的发展，传统模式被打破，高校辅导员职业能力培养在培养主体、目标、内容、方法、途径等方面实现了主导性与多样性的统一，回应了现代社会多变和大学生发展需求多样的现实。例如，教育部在2014年颁布了《高等学校辅导员职业能力标准(暂行)》，在职级上将高校辅导员分为了初级、中级和高级等不同级别，针对不同职级高校辅导员的实际情况规定了不同层次的职业能力要求，对同一职级的高校辅导员又从九个方面规定了不同内容的职业能力要求。又如，教育部43号令对高校辅导员选聘的规定，不论是在选拔部门、选拔程序抑或是选拔方式上都坚持多样性；对高校辅导员职称评聘的规定，在评聘主体、标准、内容等方面体现了多样性；对高校辅导员培训的规定更是明确提出要建立多级培训体系，开展多种形式的培训。

2.绝大部分高校及时更新培养理念

高校具体负责本校辅导员的系统培训，它们对高校辅导员职业能力培养的认知和态度，关系到党和国家的培养政策能否落到实处。近年来，在党和国家的正确领导下，绝大部分高校对辅导员职业能力培养的认知和态度在不断更新。通过现状调研，我们发现：在培养重要性的认识上，有的高校由原来仅重视对教学科研队伍的职业能力培养到后来逐渐重视对辅导员队伍的职业能力培养；在培养自觉性的认识上，有的高校由原来为了完成上级领导任务被动开展辅导员职业能力培养到后来主动根据大学生思想政治工作需要和本校辅导员职业能力现状开展培养；在培养目标的认识上，有的高校由原来着眼于培养高校辅导员胜任学生事务管理工作到后来着力推进高校辅导员队伍的专业化、职业化发展；在培养对象的认识上，有的高校由原来仅注重对辅导员骨干的职业能力培养到后来重视对全体辅导员的职业能力培养；在培养内容的认识上，有的高校由原来仅注重对辅导员事务管理能力的培养到后来注重对辅导员教育引导能力、事务管理能力和发展指导能力的培养；在培养形式的认识上，有的高校由原来仅通过在职培训提升辅导员职业能力到后来综合采用学位进修、在职培训、出国研修、社会调查、参观访问、实践锻炼、科学研究等多种形式提升辅导员职业能力；在培养手段的认识上，有的高校由原来仅采用传统培养手段到后来实现传统培养手段与现代培养手段的整合；在培养系统性的认识上，有的高校由原来主观随意性较大的零散培养转变为后来有目的、有计划和有组织的系统培养。

3.许多高校辅导员不断更新培养理念

高校辅导员既是职业能力培养的客体，亦是职业能力培养的主体。要从根本上提升高校辅导员职业能力，需要高校辅导员积极主动地参与。随着国家和高校对辅导员职业能力培养的重视，许多高校辅导员不断更新职业能力培养理念，不仅积极参与国家、学校组织的职业能力培养活动，还主动在工作实践中提升职业能力。调研中我们了解到:在培养目的的认识上，有的高校辅导员由最初将职业能力培养当成工作任务到后来将职业能力培养作为职业发展的必由之路;在培养主动性上,有的高校辅导员由最初被动参与学校组织的职业能力培养到后来积极参加学校组织的职业能力培养活动;在培养内容的认识上,有的高校辅导员由原来仅注重对事务管理能力的培养到后来全面重视对教育引导能力、事务管理能力和发展指导能力的培养;在培养形式的认识上,有的高校辅导员由最初单一依靠校本培训到后来综合采用学位进修、在职培训、出国研修、挂职锻炼、学术交流、理论学习、社会实践、信息交流等。

(二)培养制度日益完善与创新

制度是高校辅导员职业能力培养的依据和保障。当前,高校辅导员职业能力培养制度日益完善与创新,不仅吸引了一批热爱大学生思想政治教育的高素质人才加入辅导员队伍,也为许多职业能力过硬的高校辅导员提供了施展才华的舞台。

1.培养制度逐步完善

为进一步加强和改进大学生思想政治教育,国家、地方和高校不断完善高校辅导员职业能力培养制度。

第一,国家逐步完善高校辅导员职业能力培养制度。国家把高校辅导员队伍建设作为加强和改进大学生思想政治教育的根本,先后制定了一系列制度,为加强高校辅导员职业能力培养提供了保障。2005 年,教育部颁布的《关于加强高等学校辅导员班主任队伍建设的意见》明确规定了高校辅导员应具备的职业能力。2006 年,教育部颁布的 24 号令不仅指出了高校辅导员应具备的职业能力,还提出要建立分层次、多形式的辅导员培训体系。2006 年,教育部颁布的《2006—2010 年普通高等学校辅导员培训计划》对 2006—2010 年辅导员培训的指导思想、培训原则、培训目标、主要任务、保障措施等做出了明确规定。为了进一步提高辅导员培训质量,2013 年,教育部再次颁布了《普通高等学校辅导员培训规划(2013—2017 年)》。相比 2006 年,2013 年的《规划》在培养目标、培养内容、主要任务和保障措施等方面更完善。对高校辅导员职业能力培养制度的完善不仅可以通过近年来党和国家制定的制度反映出来，作为培养对象的高校辅导员对此也有很深的感受。问卷调查中，当问及“您认为高校辅导员职业能力培养的制度是否完善”时，除了0.2%的无效问卷外，4%的辅导员选择了“非常完善”，57.8%的辅导员选择了“日益完善”，38%的辅导员选择了“不完善”（见图1）。从这组数据可以看出，接近2/3的高校辅导员认同党和国家关于辅导员职业能力培养的制度不断完善。

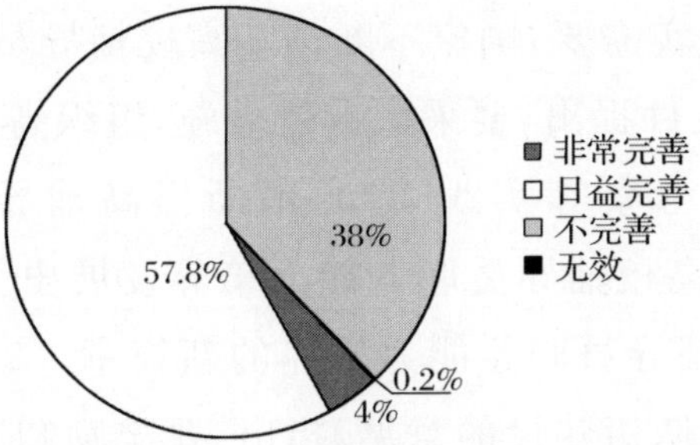

图1　“高校辅导员职业能力培养制度是否完善”问卷调查结果统计

第二，部分地方和高校逐步完善高校辅导员职业能力培养制度。在党和国家的正确领导下，部分地方和高校正逐步完善高校辅导员职业能力培养制度。例如，2008年，北京市制定的《关于加强北京高校辅导员队伍建设的实施意见》指出，发展辅导和心理咨询是高校辅导员的基本技能，应开展学生发展辅导和心理咨询培训，鼓励辅导员通过学习培训和考核取得专业证书。2013年，为了进一步推进高校辅导员队伍建设，北京市又制定了《关于进一步加强北京高校辅导员队伍建设的若干意见》。意见指出，要结合北京市高校实际，建设一批市级辅导员培训研修基地，形成岗前培训、骨干研修、专业培训和学位教育为一体的辅导员培训体系。又如，2005年，上海市颁布了《关于进一步加强上海高校学生辅导员队伍建设的若干意见》。意见指出，高校辅导员要具有良好的思想工作能力、组织管理能力和沟通协调能力。2012年，上海市又制定了《上海高校辅导员队伍建设发展规划（2012—2015）》。规划指出，要不断完善培养培训体系，提升高校辅导员的专业水平和职业能力。再如，2010年，浙江省制定了《关于进一步加强高校辅导员队伍建设的实施意见》。意见提出，要着力构建辅导员队伍的职业化发展平台，提高整体素质。紧接着，浙江省制定了《辅导员素质提升计划》，决定用

3～5 年时间，采用定向培养、集中培训、重点资助等形式，分期分批对全省高校辅导员开展系统轮训，促使其职业能力得到显著提升。

2.培养制度不断创新

面对大学生思想政治教育新形势、新任务、新要求，国家、地方和高校不断创新辅导员职业能力培养制度。

第一，国家不断创新高校辅导员职业能力培养制度。应大学生思想政治教育实践发展的现实需要，国家不断创新高校辅导员职业能力培养制度。2004 年，中央 16 号文件提出，要采取有效措施，组织高校辅导员参加社会实践、挂职锻炼和学习考察等实践活动，不断提高辅导员的工作能力和水平①。该文件在我国高校辅导员职业能力培养发展史上具有里程碑式的意义，开启了我国高校辅导员职业能力培养的新篇章。2005 年，《关于加强高等学校辅导员班主任队伍建设的意见》指出：要鼓励和支持高校辅导员向职业化、专家化方向发展。这是国家首次明文提出高校辅导员的专业化、职业化问题，为高校辅导员职业能力培养的发展指明了方向。2014 年 3 月，教育部印发了《高等学校辅导员职业能力标准(暂行)》。《标准》将高校辅导员分为初级、中级和高级，并对不同级别的高校辅导员的职业功能、工作内容和职业能力要求做出了明确规定。这是国家首次专门针对高校辅导员职业能力出台的文件。2014 年 7 月，教育部制定了《高校辅导员访问学者计划》，这是国家首次专门针对高校辅导员访问学习制定的计划。2017 年，教育部制定了《高校思想政治工作质量提升工程实施纲要》。《纲要》提出，要通过建设专门力量、培育领军人才、加大培训力度、强化项目支持等方式建强大学生思想政治工作队伍。这是国家首次就提升高校思想政治工作质量颁布的文件。

第二，部分地方和高校不断创新高校辅导员职业能力培养制度。在党和国家的高度重视下，部分地方和高校贯彻落实中央文件精神，不断创新高校辅导员职业能力培养制度，高校辅导员职业能力培养呈现出了新气象。2005 年，辽宁省率先实行高校辅导员持证上岗制度。制度规定，新任高校辅导员必须取得资格证才能从事辅导员工作，在岗的辅导员也要陆续参加

---

①教育部思想政治工作司组编《加强和改进大学生思想政治教育重要文献选编(1978—2008)》，中国人民大学出版社，2008，第 382 页。

培训，取得资格证书，这从源头上确保了高校辅导员的质量。2012年，上海率先建立辅导员职业准入制度，实行“先培训、再考核、后上岗”。对于工作满一年、修完一定学时的辅导员培训课程、能够胜任学生工作岗位、具有一定研究成果的辅导员，颁发职业资格证书，作为其任职的重要条件[①]。职业准入制度的建立有利于将职业能力过硬的高校辅导员选入大学生思想政治教育队伍。为全面提升高校辅导员的就业指导能力，天津市教委率先在全国建立高校辅导员就业指导技能培训制度，启动高校辅导员就业指导技能培训。山东大学创新辅导员培训制度，每学期至少组织两次集中培训，鼓励辅导员攻读思想政治教育相关专业学位，每年举办一次学生思想政治工作理论研讨会，每年拨出20万元专项经费支持辅导员开展学生思想政治工作研究[②]。

（三）培养内容丰富多彩

培养内容是高校辅导员职业能力培养系统的基本要素，是培养目的和任务的具体化。随着高校辅导员职业定位由单一向多元的转变，高校辅导员职业能力培养内容不断丰富，增强了高校辅导员职业能力培养的实效性，提升了高校辅导员的职业能力。

1.强化教育引导能力培养

大学生思想政治教育是高校辅导员的“主业”。这决定了教育引导能力是高校辅导员的核心能力。基于这一认识，高校不断强化对辅导员教育引导能力的培养。事实上，绝大部分高校辅导员具备较强的思想理论教育和价值引领能力，能引导大学生深入学习习近平新时代中国特色社会主义思想；能深入开展中国特色社会主义、中国梦和社会主义核心价值观宣传教育；能帮助大学生坚定“四个自信”；能引导大学生树立正确的世界观、人生观和价值观。在学生问卷调查中，针对“你的辅导员能对你进行世界观、人生观和价值观的教育引导”这一题，除了0.2%的无效问卷外，选择“非常符合”的占55.1%，选择“比较符合”的占34.4%，选择“不太符合”的占8.9%，

---

①《上海建立辅导员职业准入制》，《中国教育报》，2012年2月13日。

②宋光茂：《山东大学创新辅导员班主任制度》，《人民日报》，2005年3月27日。

选择"完全不符合"的占1.4%(见图2)。从这组数据可以看出,大学生对高校辅导员的教育引导能力较为认可。这也说明高校辅导员具备较强的教育引导能力,能对大学生进行思想理论教育和价值引领。辅导员问卷调查中,当问及"贵校对辅导员职业能力培养的内容有哪些",选择"大学生思想政治教育能力培养"的高达73.7%。当问及"您接收过哪些方面的培养",选择"大学生思想政治教育能力培养"的占60.2%。从这两组数据可以看出,高校重视对辅导员教育引导能力的培养。

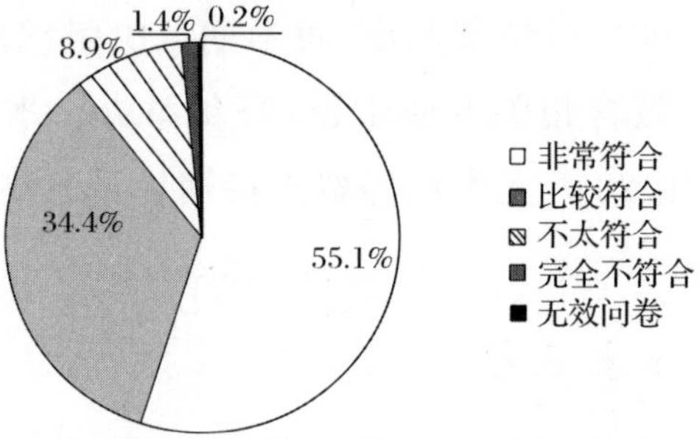

图2 "你的辅导员能对你进行世界观、人生观和价值观的教育引导"调查结果统计

2.注重事务管理能力培养

大学生日常事务管理是高校辅导员的基础工作。这个基础工作做好了,大学生才会乐于接受高校辅导员的教育引导和发展指导,这个基础工作做不好,就会削弱高校辅导员的工作实效。随着日常事务管理在大学生思想政治工作中作用的凸显,高校日益注重对辅导员事务管理能力的培养。通过参加培养活动,绝大部分高校辅导员能有效开展新生入学教育,组织好学生军训,有效开展助、贷、勤、减、补等贫困生资助工作,做好学生评奖评优工作,为学生日常事务提供咨询服务,指导学生开展宿舍文化建设,严肃处理学生的违法违纪行为,做好毕业生文明离校教育、管理和服务工作等。如安徽师范大学注重举办论坛提升高校辅导员的事务管理能力。自2012年起,安徽师范大学先后举办了"辅导员如何做好大学生宿舍安全教育及管理工作"论坛、"毕业生文明离校"辅导员工作论坛、"美国高校学生事务工作"辅导员工作论坛、"新生入学教育工作"辅导员论坛、"毕业生教育和管理工作"辅导员论坛等。通过参加此类论坛,安徽师范大学辅导员逐渐提升了自身的事务管理能力,能为学生提供高效优质的服务。学生问卷调查中,针

对“你的辅导员能对学生日常事务进行有效管理”这一题，除了0.2%的无效问卷外，选择“非常符合”的占53.5%，选择“比较符合”的占32.8%，选择“不太符合”的占11.8%，选择“完全不符合”的占1.7%（见图3）。从这组数据可以看出，大学生对高校辅导员的事务管理能力较为认可。这也说明高校辅导员具备较强的事务管理能力，能对大学生的日常事务进行有效管理。辅导员问卷调查中，当被问及“贵校的辅导员职业能力培养的内容有哪些”时，选择“学生事务管理能力培养”的占66.3%。当被问及“您接收过哪些方面的培养”时，选择“学生事务管理能力培养”的占50.4%。从这两组数据可以看出，高校注重对辅导员事务管理能力的培养。

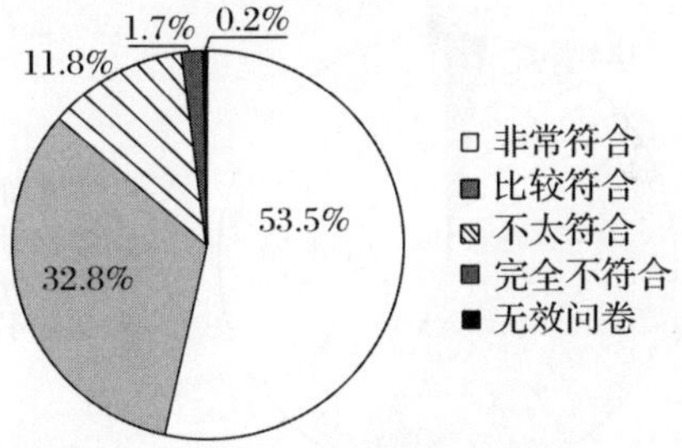

图3　“你的辅导员能对学生日常事务进行有效管理”调查结果统计

3.推进发展指导能力培养

高校辅导员作为大学生成长成才的人生导师，需具备发展指导能力，能通过教育、辅导、咨询等途径为大学生成长成才提供全面指导。近年来，高校不断加强对辅导员发展指导能力的培养，部分高校辅导员具备了较强的学业指导能力、职业规划与就业指导能力、心理健康教育与咨询能力、校园文化活动指导能力、社会实践指导能力等。学生问卷调查中，针对“你的辅导员能对你开展心理健康教育”这一题，除了0.8%的无效问卷外，选择“非常符合”的占54%，选择“比较符合”的占33.2%，选择“不太符合”的

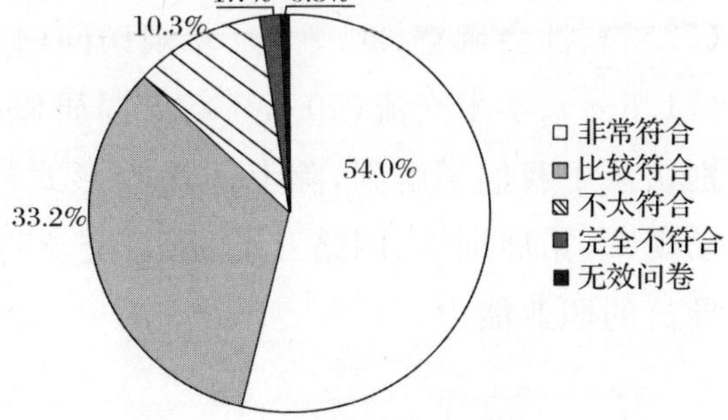

图4　“你的辅导员能对你开展心理健康教育”调查结果统计

占 10.3%，选择“完全不符合”的占 1.7%（见图 4）。针对“你的辅导员能为你提供丰富的就业信息和高效的就业指导服务”问题，选择“非常符合”的占 44.3%，选择“比较符合”的占 39.2%，选择“不太符合”的占 13.8%，选择“完全不符合”的占 2.7%（见图 5）。从这两组数据可以看出，绝大部分大学生认可高校辅导员的发展指导能力。这也说明高校辅导员的发展指导能力较强，能对大学生的学业、职业、心理提供指导。辅导员问卷调查中，当被问及“贵校的辅导员职业能力培养的内容有哪些”时，选择“心理健康教育能力培养”的占 84.3%，选择“就业指导能力培养”的占 70.5%。从这两项数据可以看出，高校十分重视对辅导员发展指导能力的培养。

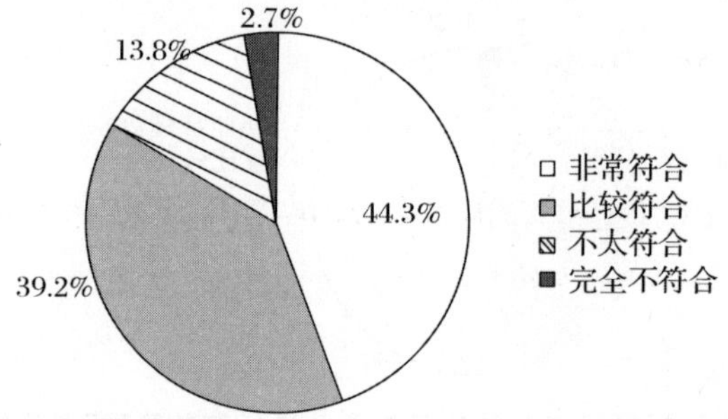

图 5 “你的辅导员能为你提供丰富的就业信息和高效的就业指导服务”调查结果统计

（四）培养形式灵活多样

高校辅导员职业能力培养要达到既定目标，不仅要有丰富多彩的培养内容，也要有灵活多样的培养形式。问卷调查结果显示，当前高校辅导员职业能力培养的形式有：学位进修（38.6%）、在职培训（74.9%）、挂职锻炼（52%）、社会调查（20.7%）、参观访问（43%）、岗位交流（43.8%）、专家讲座（71.5%）、学术交流（40.2%）、出国研修（19.5%）（见图 6）。专题座谈和个别访谈中我们了解到，除上述培养形式外，有的高校还采用了案例分析、活动观摩、拓展训练、网络互动、项目交流与合作、岗位互置等形式培养高校辅导员的职业能力。

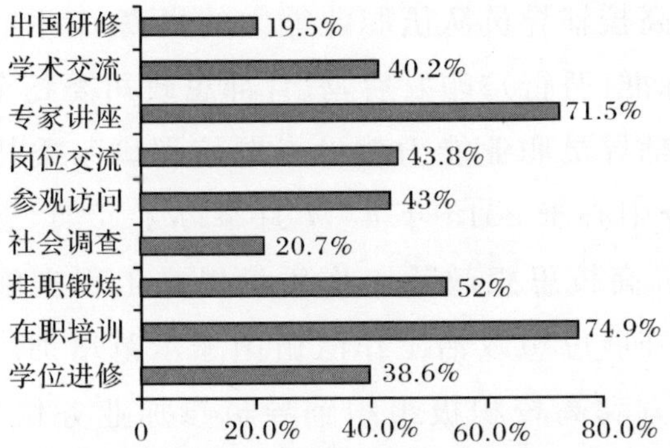

图 6　"高校辅导员职业能力培养形式"调查结果统计

1.选拔优秀辅导员攻读思想政治教育专业学位

学位进修是促使高校辅导员职业能力可持续发展的有效途径。国家高度重视学位进修在高校辅导员职业能力培养中的作用。自 2006 年以来，高校每年招收 1000 余名高校辅导员在职攻读思想政治教育专业硕士学位，自 2008 年以来，每年招收 100 余名高校辅导员在职攻读思想政治教育专业博士学位。2017 年，《高校思想政治工作质量提升工程实施纲要》反复强调，要遴选辅导员骨干队伍在职攻读博士学位。问卷调查中，38.6％的高校辅导员谈到学校鼓励和支持他们在职攻读思想政治教育专业学位。个别访谈中，某大学的辅导员谈道，学校对辅导员攻读思想政治教育专业学位有明确的文件规定：凡是符合报考条件的辅导员均可在职攻读思想政治教育专业学位。攻读学位期间，辅导员可享受原工资和其他福利待遇。相关领导要关心辅导员学习，帮助他们解决工学矛盾。学成后不仅要合理安排辅导员工作岗位，还要给予物质奖励。同等条件下，已取得思想政治教育专业博士学位的辅导员在职务晋升、职称评定等方面享有优先权。

2.组织业务培训

业务培训具有针对性强、周期短、见效快等优点。自《2006—2010 年普通高等学校辅导员培训计划》印发以来，国家、地方和高校积极探索，不断加强高校辅导员业务培训，取得了显著成效。2006 年以来，国家连续举办全国高校辅导员骨干培训班，系统开展高校辅导员示范培训；2007 年，教育部在全国设立了 21 个高校辅导员培训和研修基地。基地结合思想政治教育学科建设，通过岗前培训、日常培训和骨干培训等形式，加强高校辅导员专业化培养，促进了高校辅导员队伍职业能力的提高；2014 年 3 月《高等学校辅导员职业能力标准(暂行)》印发后，教育部思政司委托全国高校辅导员研究会连续举办了“辅导员职业能力建设专题培训班”，委托全国大学生思想政治教育发展研究中心于 2015 年 4—7 月举办了 5 期“思想政治教育专题培训班”；2017 年，《高校思想政治工作质量提升工程实施纲要》明确提出，要加大培训力度，开展思想政治工作队伍国家示范培训。在党和国家的高度重视下，部分地方和高校积极组织辅导员参加业务培训，努力建立分层次、多形式、重实效的培训体系，不断提升高校辅导员职业能力。例如，北京市实施“三类三千人培训计划”，搭建课程平台、进修平台、交流平台和科研平台，系统提升高校辅导员职业能力；重庆市通过实施“重庆市辅导员名师工作室”、“重庆市辅导员择优资助计划”，培养辅导员领军人物和业务骨干；清华大学注重对本科生辅导员的岗前培训，将本科生辅导员岗前培训作为辅导员培训体系的重要组成部分；复旦大学创设“人才工程”预备队，选拔优秀应届本科毕业生加入，开展理论素养、工作能力、个人修养等方面的专项培训；山东大学每年都会统一组织新进辅导员参加岗前培训，通过专题讲座、校内外辅导班、校内外挂职锻炼、海外研修等方式提升新近辅导员职业能力；辽宁大学开通了辅导员在线培训，以全面提升辅导员职业能力。

3.搭建学习交流平台

学习交流有利于高校辅导员拓宽视野、交流经验、研讨工作。国家、地方和高校重视学习交流在高校辅导员职业能力提升中的作用。2005 年开始，国家每年选派 30 多名高校辅导员骨干赴英国参加为期三个月的专题研修，帮助高校辅导员开阔视野、交流经验、增长见识；2008 年，我国成立了第一个辅导员学术研究组织——全国高校辅导员工作研究会。为了促进高校辅导员交流，全国高校辅导员工作研究会连续多次举办国内高校辅导员交流活动。同年，高校辅导员协会成立，120 多个高校辅导员成为首批会员；2009—2010 年，先后创办了全国高校辅导员工作指导性刊物《高校辅导员》、《高校辅导员学刊》，为高校辅导员搭建了学术交流平台；2012 年开始，教育部思政司在全国开展辅导员职业能力大赛，不仅为高校辅导员提升职业能力提供了经验交流平台，也对外集中展示了高校辅导员的职业形象；

2014年起，教育部思政司开始实施“高校辅导员访问学者计划”，选派高校辅导员骨干作为国内访问学者赴教育部高校辅导员培训和研修基地进行访学研修，促进了高校辅导员的学习交流；2014年，教育部思想政治工作司会同共青团中央有关部门选派高校辅导员参加志愿服务西部计划，开展基层青年工作、基层社会管理等，促进了高校辅导员交流学习。在党和国家的正确领导下，部分地方和高校积极组织辅导员学习交流。2009年黑龙江省颁布了《黑龙江省普通高等学校辅导员队伍建设实施办法》，定期组织优秀辅导员参加国内外学术交流，每年选送20名优秀辅导员骨干到境内外参加访问交流，选送10名优秀辅导员骨干参加国际合作培训和研修[①]；2013年江苏省高校辅导员工作研究会成立，为高校辅导员搭建了科学研究平台、建言献策智库、互动交流纽带、宣传展示窗口；河北师范大学注重学习交流在高校辅导员职业能力培养中的作用，自2009年以来连续举办辅导员国内高校交流活动；重庆师范大学于2014年6月10日正式启动“辅导员访问学者计划”，成为国内率先落实教育部思想政治工作司关于开展“高校辅导员访问学者计划”的高校。

4.鼓励和支持高校辅导员开展科学研究

鼓励和支持高校辅导员开展科学研究，有利于提升高校辅导员科研能力，探究大学生思想政治教育的本质和规律。2009年起，教育部人文社会科学研究专项任务项目（高校思想政治工作）中设立辅导员骨干专项，鼓励高校辅导员结合大学生思想政治工作实际开展科学研究；2012年起，教育部思政司举办高校学生工作专题研讨班，组织高校辅导员结合工作实践开展科学研究；2013年起，教育部开展高校辅导员工作精品项目培育建设，重点资助一批高校辅导员教育教学工作项目，引导高校辅导员加强工作研究；2013年起，教育部启动建设《思想政治教育研究文库》，鼓励高校辅导员总结大学生思想政治教育理论成果和实践经验，组织出版大学生思想政治教育理论和实践研究成果；2017年，《高校思想政治工作质量提升工程实施纲要》明确提出要强化项目支持引领，支持出版研究专著，培育高校思想政治

①黑龙江省教育厅学生处：《重视高校辅导员队伍建设 加强和改进大学生思想政治教育工作》，《思想教育研究》2011年第3期，第9页。

工作精品项目。在党和国家的正确领导下，部分地方和高校大力支持高校辅导员结合工作实践开展科研。陕西省从2014年开始在全省高校开展辅导员工作课题研究工作，努力在全省高校辅导员队伍中营造努力学习、积极探索、求真务实的良好风气，推进辅导员队伍专业化、职业化建设；重庆市每年按不低于200万元的总经费设立大学生思想政治教育专项课题，着力提升辅导员理论水平和科研能力；华东师范大学制定了《辅导员工作研究项目管理办法》，每年设置20个资助项目，鼓励、支持辅导员结合工作实践和学科发展开展研究。

（五）高校辅导员职业能力提升快

近年来，地方和高校制定配套措施，营造有利环境，促使高校辅导员职业能力迅速提升，造就了一批职业能力过硬的高校辅导员。正是这批辅导员撑起了高校思想政治教育的大厦，保证了人才培养的质量和社会主义办学的方向①。而夯实专业素养、书写职业梦想的靳敏，求学问道、坚定走专业化、职业化成长道路的张琪，积累综合素养需求、强化时代专业技能的简敏等，则是他们中的典范。高校辅导员职业能力提升快具体表现为：

1.高校辅导员职业能力的种类在不断增加

高校辅导员制度建立伊始，高校辅导员的职业能力种类较为单一，主要是政治教育能力。随着时代的进步、社会的发展，高校辅导员职业能力的种类在不断增加。调研中我们了解到，部分高校辅导员参加职业能力培养后，不仅提升了思想政治教育能力，还具备了一定的学业指导能力、党团建设能力、日常事务管理能力、心理健康教育能力、就业指导能力和网络思想政治教育能力等。高校辅导员丰富的职业能力增加了大学生思想政治教育的实效性。从最近几年的大学生思想政治状况滚动调查数据来看，大学生对“辅导员工作”满意度呈逐年上升趋势，连续位居各项工作之首。此外，高校辅导员丰富的职业能力还促进了队伍的专业化、职业化发展。全国辅导员年度人物徐冶琼是他们中的优秀代表。徐冶琼曾获得武汉大学第一届辅导员

---

①杜玉波：《提升理论素养 增强职业能力 切实加强高校辅导员队伍建设》，《高校辅导员》2016年第3期，第3页。

职业能力竞赛一等奖、湖北省第二届高校辅导员职业能力竞赛一等奖 、第二届全国高校辅导员职业能力大赛一等奖。徐冶琼能在辅导员职业能力赛场上一路凯旋,不仅是因为她在工作实践中的辛勤付出,更是由于她坚持将提升职业能力作为做好学生教育管理工作的根本。徐冶琼不仅在工作实践中锻造职业能力,工作之余,还积极参加职业能力培养活动。因工作表现突出,她被选送参加第 73 期全国高校辅导员骨干培训班,后来赴美国俄亥俄州立大学学生事务中心见习交流。参加培训后,徐冶琼具备了丰富的大学生思想政治教育能力,如较强的沟通能力,是学生知心的“徐姐”;较强的创新能力,能通过“私人订制”服务创新大学生思想政治工作方法;较高的网络素养,能熟练运用网络媒体,整合网络资源;较强的就业指导能力,能通过“就业求职平台”为学生提供高效优质的就业服务。又如,重庆师范大学辅导员毛霞在职业生涯中注重完善职业能力,努力成为拔尖人才的导航者、学生成长发展的护航者、职业规划的启航者、学习研究的潜航者。

2.高校辅导员职业能力的水平在逐渐提高

随着培养活动的开展,高校辅导员职业能力的水平在逐渐提高。培养活动不仅锻造了一批职业能力过硬的大学生思想政治教育实践工作者,也造就了一批大学生思想政治教育专家、大家。“最美高校辅导员”陈小花是辅导员队伍建设职业化、专业化、专家化发展的典范。陈小花是广东技术师范大学辅导员,在辅导员岗位工作了 16 年的她以“懂理论的实践者”“会实践的理论者”自励,走出了一条坚实而精彩的育人之路。在繁忙的工作之余,陈小花坚持以科学的理论素养成就育人事业、以专注的态度投身学术研究、以专业化发展成就一名基层辅导员的人生价值。陈小花不仅是教育部首批“高校思想政治工作中青年骨干队伍建设”项目主持人,还晋升为思想政治教育教授。当然,高校辅导员职业能力水平的提高不仅表现在辅导员个体身上,从辅导员队伍中也能看到这种变化。问卷调查中,当被问及“您参加了培养活动后,职业能力是否得到了提升”时,除了 3.6%的无效答案外,48%的辅导员选择了“得到较大提升”,45.4%的辅导员选择了“没有太大提升”,3%的辅导员选择了“没有任何提升”(见图 7)。从这组数据可以看出,93.4%的高校辅导员参加了职业能力培养后职业能力得到了提升,其中,48%的高校辅导员得到了较大提升,只有3%的高校辅导员没有任何提升。问卷调查中,我们还分别在辅导员卷中设计了13个问题,学生卷中设计了12个问题以了解高校辅导员职业能力现状。通过数据分析可以看出,被调查的辅导员在各项职业能力指标上基本达到了"比较符合","非常符合"的大约在50%。这说明高校辅导员队伍的职业能力基本能胜任职业要求。

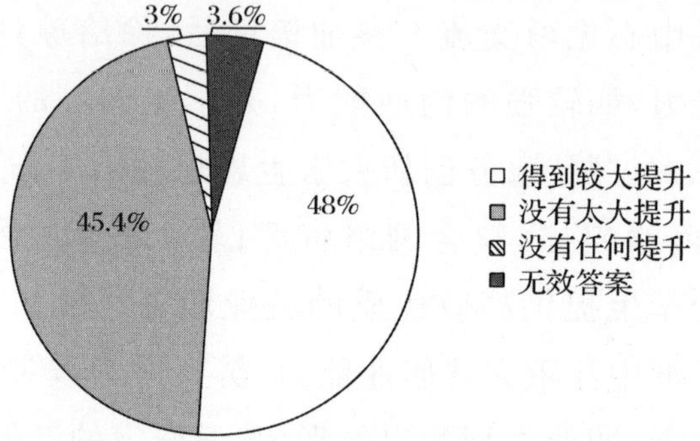

图7　高校辅导员参加培养后的职业能力提升情况统计

3.高校辅导员职业能力的结构日趋合理

这里的职业能力结构是指高校辅导员职业能力系统内各要素的组合方式。随着高校辅导员职业能力培养活动的推进,高校辅导员职业能力的结构日趋合理,部分高校辅导员不仅具备大学生思想政治教育通用能力,还具备大学生思想政治教育专有能力。全国辅导员年度人物王敬国是他们中的优秀代表。自工作以来,王敬国参加了全国青少年发展高级研修班、教育部第70期辅导员骨干培训班、ATC第二代认知疗法培训、黑龙江省大学生心理健康教育课程培训、就业指导培训等职业能力培养活动。王敬国在职业能力培养和工作实践中形成了合理的职业能力结构,不仅能从面上做好学生思想政治工作,还能做好心理障碍学生、特困学生、少数民族学生等重点对象的思想政治工作;不仅能做好大学生思想政治工作,还能为学生发展提供指导,如指导学生参加职业生涯规划、社会实践、科技创新等活动;不仅能和学生进行双向互动,还能与学生家长进行交流沟通。

二、高校辅导员职业能力培养存在的突出问题

高校辅导员职业能力培养虽取得了初步成绩,但也存在亟待解决的突出问题。这些问题既制约了队伍的专业化、职业化发展,也影响了队伍的职业形象。强化问题导向,准确定位问题域,才能在弥补高校辅导员队伍建设短板上取得实质性进展。当前,高校辅导员职业能力培养存在的突出问题主要有:

(一)培养制度落实不到位

制度建设重在落实,关键在坚持。近年来,高校辅导员职业能力培养制度虽不断丰富和创新,但没有在执行环节上下苦功夫,制度落实不到位,影响了制度建设的实际效果。

1.国家颁布的相关制度在部分高校落实效果较差

近年来,党和国家高度重视高校辅导员职业能力培养,颁布了系列制度,从方针、政策到任务、要求,都做出了明确规定,有力促进了高校辅导员职业能力培养的发展。但现实运行中,这些制度在部分高校落实效果较差。问卷调查中,当被问及"党中央、国务院关于高校辅导员职业能力培养的制度在贵校的落实情况如何"时,33%的辅导员选择了"得到有效落实",60%的辅导员选择了"落实不够",7%的辅导员选择了"基本没有落实"(见图8)。从这组数据可以看出,超过2/3的高校辅导员认为党中央、国务院关于高校辅导员职业能力培养的制度在学校层面没有得到有效落实。这说明党和国家颁布的相关制度在部分高校落实效果较差。专题座谈中,L大学的辅导员谈道:虽然国家颁布了一系列制度加强高校辅导员职业能力培养,但这些制度在学校的落实情况并不好,时间一长就恢复常态,高校辅导员也就陷入了"有人用、没人管"的境地。

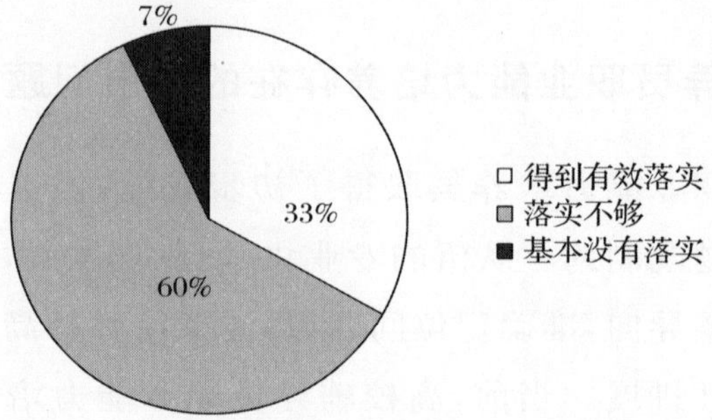

图8　党中央、国务院关于高校辅导员职业能力培养的制度在高校的落实情况统计

2.部分高校重制度的制定轻落实

在党和国家的正确领导下，部分高校积极制定高校辅导员职业能力培养制度。但遗憾的是，这些制度没有得到很好的落实。专题座谈中，有的辅导员谈道：学校虽制定了相关制度提升高校辅导员职业能力，但这些制度仅仅是为了应付上级部门检查，并不是基于提升高校辅导员职业能力的自觉行为。还有的学校虽制定了相关制度提升高校辅导员职业能力，但没有配套措施加以落实，有的虽有配套措施，但配套措施的操作性不强。个别访谈中，G大学的辅导员谈道：学校虽制定了相关制度提升高校辅导员职业能力，但随着教学科研工作的推进，高校辅导员职业能力培养制度的落实就会被弱化。问卷调查中，我们分别调查了重点本科院校、一般本科院校和高职高专院校对高校辅导员职业能力培养制度的落实情况。重点本科院校，41.8%的辅导员选择"得到有效落实"，55.1%的辅导员选择"落实不够"，3.1%的辅导员选择"基本没落实"。一般本科院校，31.5%的辅导员选择"得到有效落实"，60.5%的辅导员选择"落实不够"，8%的辅导员选择"基本没落实"。独立学院，17.6%的辅导员选择"得到有效落实"，76.5%的辅导员选择"落实不够"，5.9%的辅导员选择"基本没有落实"。从这几组数据可以看出，高校对辅导员职业能力培养制度的落实情况参差不齐，重点本科院校落实得最好，独立学院落实得最差。

（二）培养内容的针对性不强

高校辅导员职业能力培养要做到精准施策，必须全面把握培养内容，并针对实际情况加以具体运用。但现实运行中，高校辅导员职业能力培养内容的针对性并不强。

1.对时代特征的彰显不充分

高校辅导员职业能力培养有深刻的时代背景。培养必须观照时代背景，才能获得时代发展要素，增强针对性和实效性。当今，大学生思想政治教育处于经济全球化、政治多极化、文化多元化、社会信息化的时代图景中。这一时代特征对高校辅导员职业能力提出了新的更高的要求。但现实情况是，部分高校的辅导员职业能力培养内容对时代特征的彰显不充分，致使部分高校辅导员不能胜任新时期的大学生思想政治工作。问卷调查中，当面对"您能根据大学生思想政治教育面临的新形势、新任务创造性地开展工作"这一问题时，除了0.6%的无效问卷外，选择"非常符合"的占26.2%，选择"基本符合"的占62.4%，选择"不太符合"的占10.4%，选择"完全不符合"的占0.4%(见图9)。从这组数据可以看出，高校辅导员职业能力培养内容对时代特征的彰显不充分，部分高校辅导员不能胜任新时期的大学生思想政治工作。

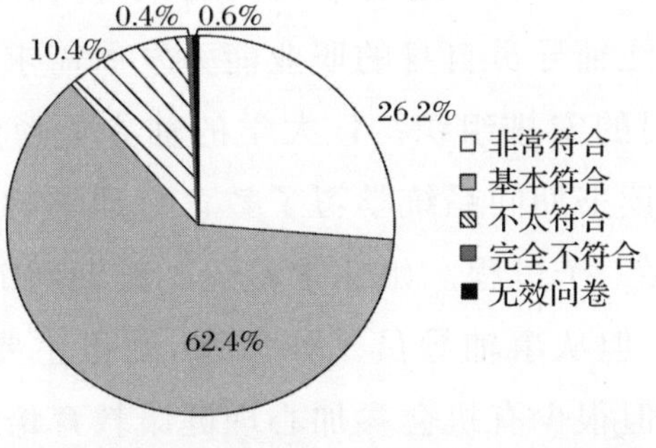

图9 高校辅导员根据大学生思想政治教育新形势、新任务创造性开展工作的情况统计

2.对大学生的关注不够

习近平总书记指出，思想政治工作是做人的工作，必须围绕学生、关照学生、服务学生。加强高校辅导员职业能力培养的最终目的是更好地促进学生成长成才。但现实情况却是：部分高校的辅导员职业能力培养缺乏对大学生的广泛关注。例如改革开放以来，各种社会思潮纷至沓来，多元化社会思潮对大学生的思想行为产生了或明或暗、或深或浅的影响。如何在多元化的社会思潮中加强对大学生社会主义核心价值观的培育，这是高校辅导员职业能力培养应重点关注的现实问题。但现状调研显示，部分高校辅

导员不能在大学生中切实有效地开展社会主义核心价值观教育。又如，高校辅导员作为大学生的学业指导者，需要具备较强的学业指导能力。但现实情况是，部分高校辅导员的学业指导能力较差，不能通过专业教育帮助大学生了解所学专业的基本情况，不能通过日常教育培养大学生的学习兴趣，不能通过规范学习行为引导大学生养成良好的学习习惯，不能通过学风建设为大学生营造浓厚的学习氛围。

3.对高校辅导员职业能力现状缺乏深入的调查研究

高校辅导员职业能力现状是加强高校辅导员职业能力培养的出发点。现实生活中，不同类型、不同层次的高校辅导员，其职业能力现状不尽相同。高校辅导员职业能力培养中，要充分考虑高校辅导员的个体差异性，根据不同类型、不同层次高校辅导员的职业能力现状开展培养。但现实情况是，部分高校在开展辅导员职业能力培养时，重点关注高校辅导员的岗位需求，很少关心高校辅导员职业能力现状及发展诉求，培养内容整齐划一，培养形式落后单一。个别访谈中，F 大学的辅导员谈道：学校在组织辅导员参加职业能力培养时，很少关注辅导员自身的职业能力发展需求和职业能力现状，一般都是按照上级部门的安排组织。L 大学的辅导员谈道：自己所学的专业是教育心理学，虽然读书期间系统学习了教育心理学的理论知识，但从理论到实践的转化还需要一个过程。她非常希望工作期间能多参加大学生心理健康教育业务培训。但从事辅导员工作以来，她虽主要负责本学院的学生心理健康教育工作，但很少有机会参加心理健康教育培训。

（三）培养途径的作用发挥不够充分

培养途径是培养的实现路径，对达成培养目的、完成培养任务具有重要意义。当前，高校辅导员职业能力培养的途径可谓种类繁多，但其在高校辅导员职业能力培养中的作用却发挥得不够充分。

1.社会培养途径的作用发挥不够充分

社会培养以其规模大、覆盖面广、门类齐全在高校辅导员职业能力培养中占据重要地位。但在高校辅导员职业能力培养的现实运行中，社会培养途径的作用发挥不够充分，具体表现为：学位进修虽能从整体上系统提升高校辅导员职业能力，但部分高校没有积极推荐本校符合条件的优秀辅导员攻读相关学位，任由组织推荐流于形式。问卷调查中，接受过学位进修的辅导员仅占 16.5%；在职培训虽能针对性地提升高校辅导员职业能力，但由于培训资源有限，部分高校辅导员没有机会参加在职培训。问卷调查中，参加过在职培训的辅导员仅占 55.4%；社会实践虽能提升高校辅导员解决实际问题的能力，但真正有机会走出校门参加社会实践的高校辅导员为数不多。问卷调查中，参加过挂职锻炼的仅占 11.4%，参加过社会调查的仅占 13.1%，参加过参观访问的仅占 23.5%，参加过岗位交流的仅占 19.9%；学术交流虽能提升高校辅导员的理论水平和科研能力，但参加过学术交流的为数不多。问卷调查中，参加过学术交流的高校辅导员仅占 25.1%；出国研修虽能帮助高校辅导员增长见识、开拓视野，但由于名额有限，绝大部分高校辅导员没有机会走出国门交流学习。问卷调查中，参加过出国研修的高校辅导员仅占 2.6%。

2.自我培养途径的作用发挥不够充足

外因是事物变化发展的条件，内因是事物变化发展的根据。要从根本上提升职业能力，需要高校辅导员自身积极主动地参与。但在高校辅导员职业能力培养的现实运行中，自我培养途径的作用发挥不够充分，具体表现为：理论学习是提升高校辅导员职业能力的前提条件，但由于整天忙于繁琐的日常事务，又看不到职业发展前景，部分高校辅导员疏于理论学习；信息交流能帮助高校辅导员在掌握信息的基础之上卓有成效地开展大学生思想政治教育，但部分高校辅导员的信息交流意识较差，很少与大学生、其他教育主体进行信息交流；科学研究能帮助高校辅导员探究大学生思想政治教育的本质和特点，掌握大学生思想政治教育规律；但由于整天忙于事务性工作，高校辅导员没有更多时间和精力从事大学生思想政治教育科学研究。

（四）培养的物质保障不够充足

经济投入和技术支持是高校辅导员职业能力培养的物质保障。当前高校辅导员职业能力培养存在着经费投入不够、手段较为落后的问题。

1.培养经费投入不够

高校辅导员职业能力培养是一项长期工作，贯穿于高校辅导员职业生涯的始终。欲实现高校辅导员职业能力培养又快又好地发展，需要充足的经费投入以提供坚实的物质保障。近年来，国家加大对高校辅导员队伍建设的经费投入，把高校辅导员队伍建设经费列入专项预算，这为高校辅导员职业能力培养的顺利开展提供了物质保障。但总的来说，高校辅导员职业能力培养的经费投入还不够，尤其与高校教学科研人才的培养经费相比，高校辅导员职业能力培养经费投入严重不足。问卷调查中，当被问及“贵校是否有专项经费用于辅导员职业能力培养”时，除了 3.7％的无效答案外，26.1％的辅导员选择了“有充足的专项经费”，61.6％的辅导员选择了“有较少的专项经费”，8.6％的辅导员选择了“完全没有专项经费”（见图 10）。从这组数据可以看出，抽样调查中，有充足培养经费的高校不到 1/3，绝大部分高校的培养经费投入不够。专题座谈和个别访谈中我们还了解到：有的高校没有将辅导员职业能力培养经费纳入学校年度经费预算，有的高校没有设立辅导员职业能力培养专项经费，有的高校辅导员职业能力培养经费较少。随着高校辅导员队伍的壮大和对高校辅导员职业能力要求的提高，需要接受职业能力培养的高校辅导员会越来越多，培养经费将更加捉襟见肘。

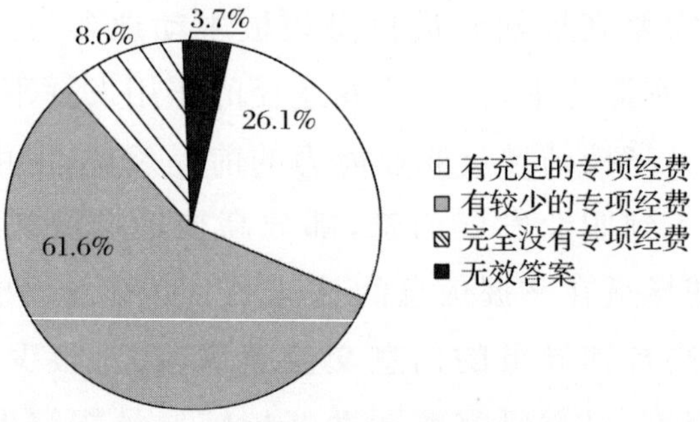

图 10　高校是否有专项经费用于辅导员职业能力培养调查情况统计

培养经费投入不够致使许多高校辅导员没有机会参加职业能力培养，职业能力难以提升到更高水平。问卷调查中，我们对“高校是否有充足的培养经费”与“辅导员参加职业能力培养的时间”“次数”进行了相关性调查分析。调查结果显示，“有充足的专项经费”的高校，辅导员平均每年参加有助于职业能力提高的培养活动“5 次以上”的占 5.3％，“3～5 次”的占 23.7％，“1～2 次”的占 62.6％，“一次也没有”的占 7.6％，无效问卷占 0.8％。每次参加职业能力培养，时间在“一周以上”的占 15.3％，“5～6 天”的占 6.9％，

“3～4 天”的占 35.9%，“1～2 天”的占 37.4%，“0 天”的占 3.8%，无效答案占 0.7%。“有较少的专项经费”的高校，辅导员平均一年参加有助于职业能力提高的培养活动“5 次以上”的占 8.4%，“3～5 次”的占 20.1%，“1～2 次”的占 59.2%，“一次也没有”的占 12%，无效答案占 0.3%。每次参加职业能力培养活动，时间在“一周以上”的占 5.5%，“5～6 天”的占 6.5%，“3～4 天”的占 19.7%，“1～2 天”的占 52.8%，“0 天”的占 15.2%，无效答案占 0.3%。从这两组数据可以看出，培养经费直接影响着高校辅导员参加职业能力培养的次数、时间。培养经费越充足，高校辅导员参加职业能力培养的频率越高，时间越长。

2.培养手段较为落后

随着现代信息技术的发展，传统培养手段日益受到挑战和冲击。目前，高校辅导员职业能力培养仍主要采用传统培养手段。传统培养手段严肃性有余，趣味性、灵活性、生动性不足，不能充分调动高校辅导员参加培养的积极性，也难以根据高校辅导员的职业能力现状做到“因人施教”。专题座谈和个别访谈中，部分高校辅导员谈道，现有的高校辅导员职业能力培养主要采用“我讲你听”的课堂讲授等传统培养手段，远程培训、在线学习等现代培养手段没有充分运用起来。问卷调查中，当被问及“贵校是否积极采用现代技术手段加强辅导员职业能力培养”时，除了 0.8%的无效答案外，40%的辅导员选择了“积极采用”，49.8%的辅导员选择了“很少采用”，9.4%的辅导员选择了“基本没采用”（见图 11）。从这组数据可以看出，“积极采用现代技术手段”的高校不到抽样对象的一半。这说明大部分高校在辅导员职业能力培养上仍采用传统培养手段。问卷调查中，我们还对“学校采用现代技术手段的情况”和“高校辅导员职业能力培养的效果”进行了相关性分析。在积极采用现代技术手段开展辅导员职业能力培养的高校，78.1%的辅导员的职业能力得到了“较大提升”。在很少采用现代技术手段开展辅导员职业能力培养的高校，只有 30.8%的辅导员的职业能力得到了“较大提升”。从这两组数据可以看出，培养手段落后是制约高校辅导员职业能力培养实效性的关键因素。要增强高校辅导员职业能力培养实效性，亟须积极采用现代信息技术手段。

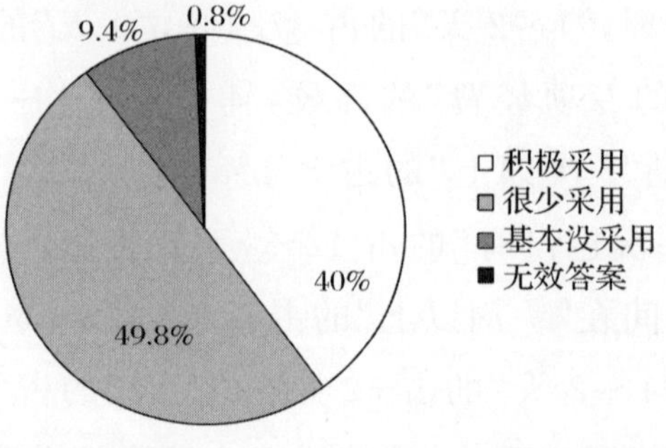

图 11　高校采用现代技术手段加强辅导员职业能力培养的情况统计

(五)培养的系统性不强

高校辅导员职业能力培养是一个有机整体。加强高校辅导员职业能力培养,应始终将它作为一个完整系统,既分析要素,又解析结构。反观现实,高校辅导员职业能力培养的系统性不强。

1.培养的整体性不突出

整体性是高校辅导员职业能力培养系统的首要特征。但现实运行中,高校辅导员职业能力培养的整体性不突出,主要表现为:第一,培养内容的整体性不突出。高校辅导员根据不同标准可划分为不同类型、级别。面对不同类型、级别的高校辅导员,职业能力培养内容亦不尽相同。但不尽相同并不等于完全不同,这些不尽相同的培养内容之间有着相互包含、层层递进的关系。例如,对于不同类型的高校辅导员来说,专有职业能力的培养可能有较大差异,但通用职业能力的培养却有很多共同之处。又如,面对不同级别的高校辅导员,对高级辅导员职业能力培养的要求必然包含着对低级辅导员职业能力培养的要求。可见,高校辅导员职业能力培养内容是一个由不同要素组成的完整体系。但现实的高校辅导员职业能力培养内容较为零散,突出表现为“碎片化”,往往是今天一个专题,明天一个主题,缺乏整体性。问卷调查中,当被问及“贵校的辅导员职业能力培养的内容”(该题有 8 个选项)时,除了 0.2%的无效答案外,选择 8 项的占 19.9%,选择 7 项的占 5.6%,选择 6 项的占 10.2%,选择 5 项的占 15.3%,选择 4 项的占 14.5%,选择 3 项的占 18.1%,选择 2 项的占 11.8%,选择 1 项的占 4.4%。从这组数据可以看出,高校为辅导员提供的职业能力培养较为零散,缺乏内容上的整体性。第二，培养方法的整体性不突出。不同类型和层次的方法具有不同的特点和功能，相互之间不能替代。但不同方法之间又是相互联系、相互渗透、有机统一的。只有从整体上构建方法体系，才能有效发挥高校辅导员职业能力培养的作用。但现实情况是，高校辅导员职业能力培养的方法体系尚未形成，培养的整体效应没有充分发挥出来。问卷调查中，当被问及"贵校关于辅导员职业能力培养的方法有哪些"（该题有 9 个选项）时，除了 0.2%的无效答案外，选择 9 项的占 6%，选择 8 项的占 2.8%，选择 7 项的占 4.4%，选择 6 项的占 6.8%，选择 5 项的占 17.1%，选择 4 项的占 19.9%，选择 3 项的占 15.1%，选择 2 项的占 18.3%，选择 1 项的占 9.4%。从这组数据可以看出，高校为辅导员提供的职业能力培养方法较为单一，缺乏整体性。

2.培养的耦合性不强

高校辅导员职业能力培养系统的构成要素之间不是彼此孤立的，而是紧密相关的。但现实运行中，高校辅导员职业能力培养系统构成要素之间的耦合性不强，不仅培养内容、方法、途径等要素内部缺乏耦合性，培养内容、方法、途径、环境之间也缺乏耦合性。个别访谈中，G 大学的辅导员谈道，学校在组织辅导员参加职业能力培养时，很少根据培养目的有针对性地遴选培养对象、选择培养内容、选用培养方法、优化培养手段，培养内容单调，培养方法千篇一律，培养手段单一落后。专题座谈中，L 大学一名从事就业工作的辅导员谈道，他从事辅导员工作期间参加过不同类型的培养活动，如全市统一组织的岗前培训、校内岗前培训、校内专题培训、国家心理咨询师培训和就业指导师培训等。虽然这些培养活动的目的不同、组织机构不同，但组织单位很少依据不同的培养目的、对象有针对性地选择培养内容、方法和途径。

3.培养层次不分明

《高等学校辅导员职业能力标准（暂行）》将高校辅导员分为初级、中级、高级三个级别，并对不同级别高校辅导员的职业能力做出了明确规定。职业能力培养作为提升高校辅导员职业能力的实践活动也具有层次性。当前，面向高校辅导员的培养既有教育部依托国家教育行政学院等单位举办的全国高校辅导员骨干示范培训，也有省级教育主管部门开展的分批轮训，还有高校的全员培训。但现实运行中，高校辅导员实际参加的职业能力培养活动缺乏层次性。北京科技大学曾对高校辅导员队伍建设状况开展过调研。调研结果显示，参加过校内培训的高校辅导员占绝大多数，参加过省（直辖市）培训的不足1/3，参加过部委培训的仅占8%①。在辅导员问卷调查中，当被问及"您参加过哪些级别的职业能力培养活动"时，除了1.4%的无效问卷外，10.6%的辅导员选择了"教育部主办的全国辅导员骨干示范培训"，34.1%的辅导员选择了"省市级辅导员培训和研修基地培训"，69.9%的辅导员选择了"校内培养"，39.8%的辅导员选择了"院内培养"，9.2%的辅导员选择了"从来没参加过"。从这组数据可以看出，高校辅导员参加过的职业能力培养层次较低，绝大部分只参加过校内培养和院内培养。除了1.3%的无效答案外，选1项的占50.6%，选2项的占35.3%，选3项的占9.8%，选4项的占2.8%，选5项的仅占0.2%。从这组数据可以看出，高校辅导员参加过的职业能力培养层次较为单一，只参加过一项的高达50.6%，参加过三项以上的为12.8%，参加过五项的仅为0.2%。

三、高校辅导员职业能力培养存在问题的主要原因

高校辅导员职业能力培养存在上述问题，原因不一而足。概而观之，主要有以下几个方面。

（一）专业化、职业化培养的导向不强

专业化、职业化是高校辅导员职业能力培养的导向。我国虽然早在1984年就开始采用正规化方法培养高校辅导员专门人才，但由于诸多因素的影响，高校辅导员队伍至今没有完全进入专业化、职业化发展阶段。这既影响了队伍稳定，也影响了队伍发展。

1.专业化培养的导向不强

专业化是高校辅导员职业能力培养的导向。没有专业化培养作基础，

---

①秦涛、曹光远：《高校辅导员队伍建设现状调研——以北京科技大学为例》，《思想教育研究》2009年增刊1期，第62页。

高校辅导员职业能力培养将长期处于低水平重复状态。当前，高校辅导员职业能力培养的专业化导向不强，具体表现为：第一，学科定位不明确。专业化培养中最重要、最基础的问题在于学科定位，其他问题都是由此派生出来的。当前，高校辅导员职业能力培养的学科定位不够明确，致使专业化培养中出现了不少突出问题。例如，学术队伍融合度不够，没有形成一支整体协调、同心同力的工作力量；学科自信力不足，没有坚定的学科立场；学科的交叉融合度不够，没有发挥相关学科的优势。学科定位模糊致使高校辅导员职业能力培养的学科发展方向不明确。第二，学科视角较为单一。在学科既分化又综合的今天，跨学科视野已成为科学研究的题中应有之义。高校辅导员职业能力培养研究应适应学科的综合化发展趋势，具备跨学科视野。当前，研究者主要是从单一学科研究高校辅导员职业能力培养，对相关学科的借鉴不够。学科视角单一致使学科建设合力不足。第三，专业组织发展滞后。专业组织能为高校辅导员职业能力培养营造浓厚的专业氛围。目前，我国专门针对高校辅导员的专业组织较少，独立性不强、覆盖面不广、影响力不大。专业组织发展滞后不利于高校辅导员间的学习交流。第四，专业课程建设不系统。系统的专业课程建设是促进高校辅导员职业能力培养专业化发展的基本环节。目前我国高校辅导员职业能力培养的专业课程建设不系统，没有稳定的课程编写梯队、完整的课程内容体系、先进的课程教学手段、规范的课程管理制度、完善的课程监督和评价机制。专业课程建设不系统影响了培养的规范化发展。第五，专业教材建设不系统。系统的专业教材建设是促进高校辅导员职业能力培养专业化发展的重要前提。目前我国高校辅导员职业能力培养的专业教材建设不系统，如教材编写队伍不稳定、教材选用程序不规范、教材内容重复、多媒体教材欠缺、教材监管不力等。专业教材建设不系统制约了培养的规范性。第六，专业师资队伍缺乏。专业师资队伍是高校辅导员职业能力培养专业化发展的智力支撑。目前，从事高校辅导员职业能力培养理论研究与实践探索的主要是思想政治教育方面的专家或者地方教育主管部门和高校领导。他们有着丰富的理论知识和工作经验，能对高校辅导员进行系统的理论传授。但他们中的大多数都远离大学生思想政治教育第一线，不能紧密结合大学生思想政治教育现实需要和高校辅导员职业能力现状，有针对性地开展职业能力培养。专业师资队伍缺乏致使高校辅导员职业能力培养难以可持续发展。第七，专业实践较为薄弱。专业实践有利于高校辅导员将专业知识运用于实践活动，提升职业能力。现实生活中，高校辅导员可参加的专业实践形式较为单一，致使高校辅导员专业实践能力难以提升到应有水平。

2.职业化培养的导向不强

职业化是高校辅导员职业能力培养的导向。没有职业化培养作保障，高校辅导员职业能力培养难以可持续发展。当前，高校辅导员职业能力培养的职业化导向不强，具体表现为：第一，很少依据高校辅导员的职业定位开展培养。明确职业定位是开展高校辅导员职业能力培养的前提。高校辅导员有明确的角色定位、工作定位和工作职责。但现实生活中，高校辅导员被戏称为“消防员”“全职保姆”。这一方面说明了社会对高校辅导员岗位的专业性、职业性认可度不高，另一方面也反映出高校辅导员的职业定位不清晰。职业定位模糊会在一定程度上降低高校辅导员职业能力培养的职业化水平。第二，没有统一的高校辅导员职业能力资格认证制度。统一的职业能力资格认证制度有利于从源头保证高校辅导员职业能力培养的质量。当前，我国高校辅导员职业能力资格认证制度仍处于起步阶段，全国还没有建立起统一的认证制度，只有某一技能的职业资格认定，如“就业指导师”“心理咨询师”。绝大部分高校在选聘辅导员时也没有要求具备职业能力资格证书。职业能力资格认证制度不健全，致使一些不具备大学生思想政治教育能力的人进入了高校辅导员队伍。第三，很少开展全面的职业能力规划。职业能力规划有助于高校辅导员有目的、有计划地提升职业能力。但现实是，不仅高校很少对辅导员职业能力规划给予指导，高校辅导员自身也缺乏职业能力规划意识。即使部分高校辅导员开展了职业能力规划，但由于没有对自己的职业兴趣、特长、发展需求和发展前景进行系统分析，职业能力规划显得较为随意。没有全面的职业能力规划，导致高校辅导员队伍的职业倦怠现象比较严重。

（二）部分高校对培养的重视程度不够

加强高校辅导员职业能力培养，重在提高思想认识。在党和国家的正确领导下，高校日益重视辅导员职业能力培养。但总的来说，部分高校对辅导员职业能力的培养还不够重视。

1.对重要性的认识不够充分

对高校辅导员职业能力培养重要性的认识是培养的先导，以此统筹培养的全过程、各方面和各环节。只有充分认识其重要性并给予高度重视，高校辅导员职业能力培养才能沿着正确的轨道快速发展。近年来，党和国家制定了一系列制度，召开了多次会议部署高校辅导员职业能力培养。地方、高校在党和国家的整体部署下，日益重视高校辅导员职业能力培养。但现实生活中，仍有部分高校没有从实现立德树人根本任务、促进高校改革发展稳定、培养和锻造高素质人才的全局和战略高度认识高校辅导员职业能力培养的重要性；没有从培养大学生思想政治教育骨干力量的现实维度认识高校辅导员职业能力培养的必要性。例如，有的高校对辅导员职业能力的要求仅仅是能做好"维稳工作"，保证学生不出乱子；有的高校对辅导员职业能力培养的重视仅仅停留在倡导层面，没有从战略高度和实践层面给予高度重视，往往是"说起来重要、做起来次要、忙起来不要"；有的高校没有像重视教学科研队伍建设一样重视高校辅导员职业能力培养。

2.整体规划不够全面

高校辅导员职业能力培养是一项有目的、有计划、有组织的实践活动。为了保证这项实践活动的有序进行，需要在开展培养前进行整体规划。但实际运行中，部分高校对辅导员职业能力培养的整体规划不够全面，对培养目的、任务、内容、方法、途径、手段等缺乏深入思考和周密规划。例如，有的高校没有将辅导员职业能力培养纳入高校师资队伍和干部队伍培训整体规划；有的高校对辅导员职业能力培养没有统筹考虑、整体规划、系统安排；有的高校在辅导员职业能力培养上主观随意性较大，只是在上级检查和工作急需的情况下，才会"临时抱佛脚"地突击培养，时间一长就随意搁置；有的高校仅仅在经费充裕、时间充足的情况下才会对高校辅导员职业能力培养进行规划；有的高校虽明文规定应将辅导员培养纳入高校教师培训计划，积极支持辅导员攻读学位、在职培训、出国研修，但辅导员在报名攻读学位时总会遇到人为障碍，攻读学位期间也很少得到工作单位的关心和照顾。在职培训也较为零散，出国研修对他们来说更是“可望而不可及”。

3.措施不得力

有效的措施是将高校辅导员职业能力培养落到实处的保证。高校辅导员职业能力培养的目的就是要采取切实可行的措施全面提升高校辅导员职业能力。但实际运行中，部分高校的培养措施不够得力。例如，有的高校对辅导员职业能力培养重要性和必要性的认识仅停留在理论层面，实践中很少采取切实可行的措施加强高校辅导员职业能力培养；有的高校虽采取了措施加强高校辅导员职业能力培养，但只是为了应付上级领导检查，没有真正将措施落到实处；有的高校虽采取了措施提升高校辅导员的职业能力，但没有将高校辅导员职业能力培养效果作为硬性指标与相关职能部门和院系年度考核挂钩，措施落实不够到位。

（三）部分高校辅导员自我培养的积极性不高

要从根本上提升高校辅导员职业能力，需要高校辅导员积极主动地参与。随着职业能力的作用在现代社会的凸显和高校辅导员队伍“职业能力恐慌”现象的出现，高校辅导员日益重视对自身职业能力的培养。但由于社会认同感的缺乏、职业成就感的缺失、职业倦怠感的增强，部分高校辅导员自我培养的积极性不高，培养缺乏内驱力。

1.部分高校辅导员无暇提升职业能力

充裕的时间是高校辅导员提升职业能力的保障。然而现实生活中，繁重的工作任务使得部分高校辅导员无暇考虑职业能力提升问题。在卢灿丽的调研中，当问及“阻碍自身提高职业能力的因素时”，83.7％的辅导员选择了“日常事务繁多，无暇顾及”①。部分高校辅导员无暇提升职业能力具体表现为：第一，繁重的工作任务使得部分高校辅导员无暇提升职业能力。大学生日常思想政治教育与管理工作是高校辅导员的主业。但现实生活中，高校辅导员往往身兼数职，凡是与学生相关的事，事无巨细，几乎都要高校辅导员参与。“上面千条线，下面一根针”的工作状态使得他们无暇提升职

①卢灿丽：《辅导员职业能力可持续发展的实证研究——基于广东部分高校的调查》，《江西青年职业学院学报》2012年第4期，第49页。

业能力。第二，数量庞大的工作对象使得部分高校辅导员无暇提升职业能力。教育部明文规定，高校要按师生比不低于 1∶200 的比例配备高校辅导员[①]。但实际工作中，高校辅导员与学生的比例一般都高于 1∶200。第三，较长的工作时间使得部分高校辅导员无暇提升职业能力。高校辅导员的工作时间较长，往往是"两眼一睁，忙到熄灯"，不仅要在上班时间处理学生日常事务，还要利用休息时间参加学生活动、去学生寝室开展深入细致的谈心工作。当突发事件发生时还要在第一时间赶到现场。点多面广的工作范围、琐碎杂乱的工作内容、琐事缠身的工作状态使得部分高校辅导员没有时间和精力提升职业能力。

2.部分高校辅导员无心提升职业能力

现实生活中，社会认可度较低、职业认同感较低、物质待遇偏低和发展道路不畅通等因素，致使部分高校辅导员难以找寻职业自豪感、归属感和幸福感，无心提升职业能力。第一，社会认可度较低使得部分高校辅导员无心提升职业能力。辅导员是高校教师队伍和管理队伍的重要组成部分。但现实生活中，社会对高校辅导员的职业认可度并不高，总有一些人认为高校辅导员从事的是一项技术含量较低的工作，可被随意替代。社会认可度较低，使得部分高校辅导员自我培养的积极性不高。第二，职业认同感较低使得部分高校辅导员无心提升职业能力。部分高校辅导员选择这一职业，并不是出于对大学生思想政治教育事业的热爱和为学生服务的信仰，而是迫于就业压力或继续深造的权宜之计。他们仅仅把辅导员岗位作为进入高校的跳板，一旦时机成熟就转向其他岗位。职业认同感较低不仅会引发高校辅导员的职业倦怠感，还会影响队伍的稳定发展。第三，物质待遇偏低使得部分高校辅导员无心提升职业能力。高校辅导员责任重大、任务繁重、工作繁琐，但物质待遇和同职称的专业教师或管理人员相比差距较大。这严重打击了高校辅导员的工作热情和积极性，职业倦怠随之产生，更谈不上主动提升职业能力了。第四，发展道路不畅通使得部分高校辅导员无心提升职业能力。高校辅导员既可以发展成专家型、职业型的辅导员，也可以成为专职

---

①教育部思想政治工作司组编《加强和改进大学生思想政治教育重要文献选编(1978—2008)》，中国人民大学出版社，2008，第 493 页。

教师或行政管理人员。但实际工作中,高校辅导员整天陷于事务性工作,很难走专家化、职业化发展道路;长期疏于专业学习和科学研究亦难以转岗成专职教师;晋升机会有限,难以进入管理干部队伍。发展道路不通畅,使得部分高校辅导员在业内看不到职业发展前景,当然无心提升职业能力。

(四)培养机制不够健全

健全的机制是高校辅导员职业能力培养长足发展的保障。但现实运行中,高校辅导员职业能力培养的机制不够健全,培养措施难以落到实处。

1.选拔机制不完善

完善的选拔机制有助于从源头提升高校辅导员的职业能力。自高校辅导员制度建立以来,高校辅导员选拔工作不断改进,一批批思想政治道德素质高、职业能力强的高素质人才选入了辅导员队伍,从源头保证了高校辅导员的质量。但总的来说,高校辅导员选拔机制不够完善,具体表现为:第一,没有严格遵循选拔标准。根据教育部规定,高校辅导员选拔的标准是:政治强、业务精、纪律严、作风正,即德才兼备。但部分高校在选拔辅导员时存在打折扣、搞变通的情况。例如,有的高校存在"一边倒"的倾向,要么片面强调职业能力,要么片面追求政治素质;有的高校过分看重辅导员准入的学历标准,对专业知识、职业技能关注不够;有的高校只招聘与本校专业背景相同或相似的毕业生担任辅导员,对应聘人员是否掌握大学生思想政治教育理论、知识和方法,是否具备相关职业能力,是否有过学生工作经历关注不够。第二,没有坚持选拔原则。选拔原则即选拔高校辅导员的基本准则,对选拔工作的有序进行具有重要意义。但现实运行中,高校辅导员选拔应遵循的竞争原则、实践原则、公平公开原则等没有得到有效坚持,影响了选拔的效率和效果。第三,选拔程序不规范。高校辅导员选拔过程中存在着主观随意性较大、透明度偏低、公信度不高等程序不规范的问题。这既影响了高校辅导员选拔的科学性、公正性和实效性,也影响了高校辅导员的质量。

2.管理机制不健全

高校辅导员职业能力培养要实现规范化发展,需要健全管理机制。目前,部分高校的辅导员职业能力培养管理机制不够规范,致使培养的实效性、针对性不强。第一,管理职责不够明确。高校辅导员职业能力培养要收到实效,需明确管理职责,落实主体责任。部分高校的辅导员职业能力培养管理职责不够明确,尤其是对各级培养主体的管理职责没有做出明确规定。第二,管理目标较为含糊。合理的目标能为高校辅导员职业能力培养指明方向。部分高校的辅导员职业能力培养目标较为含糊,没有对预期结果做出明确规定。第三,管理计划不够详尽。详尽的管理计划能克服高校辅导员职业能力培养的盲目性。但部分高校在辅导员职业能力培养方面没有制订详尽的计划,主观随意性较大。第四,制度不够健全。制度有利于统一思想、规范行为。当前高校辅导员职业能力培养的制度还不够健全,尤其是在纪律、奖励和惩罚等方面。

3.考核机制不科学

考核是科学评价高校辅导员职业能力培养效果的必要环节。考核不仅能评价本次培养的效果,还能为下次培养提供参考。但在高校辅导员职业能力培养的现实运行中,考核机制不科学,具体表现为:第一,没有制定明确的考核标准。考核标准是考核的依据。现实运行中,部分高校在进行辅导员职业能力培养时没有按照客观、合理、科学的要求制定公开透明的考核标准,以此对高校辅导员职业能力培养活动、高校辅导员职业能力现状和大学生思想政治教育效果进行综合考核。第二,没有坚持考核的基本原则。考核作为一种社会实践活动,有它自身的原则。现实运行中,部分高校在考核辅导员职业能力培养效果时没有遵循相关原则。第三,考核程序不规范。现实运行中,部分高校在考核辅导员职业能力培养时没有遵循规范程序,考核的主观随意性较大。此外,部分高校在辅导员职业能力培养考核上还存在考核方法单一、缺乏专业的考核队伍、没有将考核结果与相关部门的工作绩效挂钩等问题。考核机制不科学,不仅无法全面反映高校辅导员职业能力培养的效果,也无法充分调动社会上的各种力量开展高校辅导员职业能力培养的积极性。

4.激励机制不健全

激励机制是高校辅导员职业能力培养发展的驱动力。高校辅导员职业能力培养存在着激励机制不健全的问题:第一,没有将物质激励和精神激励有机统一。物质激励是指对那些在高校辅导员职业能力培养中取得突出成绩的先进集体或个人给予物质奖励。精神激励是指对那些在高校辅导员职业能力培养中取得突出成绩的先进集体或个人给予精神奖励。物质激励和精神激励不可分割，二者犹如车之两轮，鸟之双翼。但部分高校在对辅导员职业能力培养进行激励时，没有将二者有机结合，致使培养的物质动力和精神动力不足。第二，没有将正面激励和反面激励相结合。正面激励是指对那些在高校辅导员职业能力培养中取得突出成绩的先进集体或个人给予表扬、奖励。反面激励是指对那些在高校辅导员职业能力培养中表现较差的集体或个人给予批评、惩罚。在高校辅导员职业能力培养中，部分高校没有将二者有机结合，导致奖惩不分明。第三，注重外在激励，忽视内在激励。外在激励是指通过提高工资待遇和福利水平、改善生活条件、监督管理等外在因素促使高校辅导员参加职业能力培养。内在激励是指通过尊重、信任、认可、成就感、自我实现等内在因素促使高校辅导员参加职业能力培养。外在激励和内在激励都是高校辅导员职业能力培养的重要激励方式。但在高校辅导员职业能力培养的现实运行中，外在激励多于内在激励，引发了培养的内驱力不足等问题。

（五）消极环境因素的干扰

高校辅导员职业能力培养总是在具体的环境中进行。离开一定的环境，培养就会失去存在和发展的空间。随着党和国家对高校辅导员队伍建设的重视，高校辅导员职业能力培养的环境渐次优化，但仍然存在不利于培养的消极环境因素。

1.社会上存在轻视高校辅导员职业能力培养的现象

高校辅导员的劳动并不直接创造物质财富，但能通过深入细致的思想政治教育帮助大学生树立正确的世界观、人生观和价值观。然而，大学生世界观、人生观和价值观的形成和改变不是一蹴而就的，它是一个长期的过程。这就使得高校辅导员的劳动具有潜在性、周期性和间接性[①]。社会上部分人没有正确认识高校辅导员的劳动性质和特点，把高校辅导员工作视为谁都可以做的一般事务性工作。由于高校辅导员的劳动得不到应有的肯

---

①罗洪铁主编《思想政治教育原理与方法研究》，贵州人民出版社，2002，第131－132页。

定和尊重，社会上存在轻视高校辅导员职业能力培养的现象，相应地降低了高校辅导员职业能力培养的认可度和支持力度。

2.高校内部对辅导员职业能力培养的认同度和支持力度不够

谱写新时代立德树人新篇章，高校需要建设一支政治立场坚定、专业知识精深、职业能力过硬的高校辅导员队伍。但在以教学和科研为主导的大学校园里，部分高校将师资队伍建设聚焦于教学队伍和科研队伍，对高校辅导员职业能力培养关注甚少。高校辅导员职业能力培养处于弱化和淡化状态，认同度不高、支持力度不够。与此同时，由于高校辅导员不直接对大学生进行专业知识传授和专业技能培养，有的大学生仅仅将高校辅导员当作"生活保姆"。学生对高校辅导员工作的认可度低也会降低高校辅导员的职业荣誉感和成就感，自然会影响高校辅导员职业能力的提升。

第五章　加强高校辅导员职业能力培养的对策

加强高校辅导员职业能力培养的对策是本书的理论归宿和落脚点。本书以全面提升高校辅导员职业能力为旨归，立足高校辅导员职业能力培养的理论、历史与现实依据，深入探究加强高校辅导员职业能力培养的对策，强化优势、补齐短板，着力破解高校辅导员职业能力培养的不平衡、不充分问题。

一、坚持高校辅导员职业能力培养的专业化、职业化导向

导向即引导的方向，它能引领事物向着某个方向或某个方面发展。加强高校辅导员职业能力培养，首先要明确导向，知道何去何从。从培养高素质专业化创新型教师的战略高度来看①，专业化、职业化是高校辅导员职业能力培养的导向，也是其走上内涵式发展的必由之路。

（一）坚持培养的专业化导向

专业化是高校辅导员职业能力培养的导向。没有专业化培养做基础，高校辅导员职业能力培养将长期处于低水平重复状态。

1.加强高校辅导员职业能力培养的学科建设

把高校辅导员职业能力培养纳入学科建设领域，是培养专业化发展的必由之路。加强高校辅导员职业能力培养的学科建设，首先要明确学科定位，避免出现学科定位偏移、边界模糊等问题。高校辅导员职业能力培养的学科定位取决于高校辅导员的职业定位。教育部明文规定，高校辅导员是大学生日常思想政治教育和管理工作的组织者、实施者、指导者，其常规工作包括思想理论教育和价值引领、日常事务管理、发展指导，工作职责是做好日常思想政治教育工作、服务育人工作、人文关怀和心理疏导工作。角色定位、工作定位和工作职责决定了思想政治教育是高校辅导员的核心职能，也决定了高校辅导员职业能力培养的学科定位应为马克思主义理论一级学科下的二级学科——思想政治教育。该学科定位只能加强，不能削弱。从1984年思想政治教育学科创立至今，高校辅导员职业能力培养与思想政治

①《中共中央 国务院关于全面深化新时代教师队伍建设改革的意见》http://www.moe.gov.cn/jyb_xwfb/s5147/201902/t20190218_369830.html，访问日期：2019年2月6日。

教育学科发展相伴相随、相向而行。思想政治教育学科逐渐建立起本科、硕士到博士的人才培养体系，展现了强劲的发展态势，为高校辅导员职业能力培养提供了坚强的学科支撑。未来，高校辅导员职业能力培养应在思想政治教育学科域界内，加强包括基础理论和应用理论在内的学科理论体系建设，加强包括大学生思想政治教育、大学生发展指导、大学生事务管理等专业研究方向在内的学科专业体系建设，在融合学科理论体系建设和学科专业体系建设的基础之上，切实推进高校辅导员职业能力培养的专业化发展。

加强高校辅导员职业能力培养的学科建设不仅要明确学科定位，还应具备跨学科视野，博采众长。应在坚持思想政治教育学科定位的基础之上，挖掘并整合相关学科资源，在吸收、消化、融合的基础之上形成完整的、开放的学科体系。培养既具备大学生思想政治教育基本理论与方法，又能有效开展思想理论教育和价值引领、党团和班级建设、学风建设、日常事务管理、心理健康教育与咨询、网络思想政治教育、职业规划与就业创业指导等的复合型人才。采用跨学科视野加强高校辅导员职业能力培养的学科建设，重在借鉴多学科的理论与方法，提炼特点、揭示规律、精选内容、改进方法、拓展途径、完善机制、优化环境等。当然，采用跨学科视野加强高校辅导员职业能力培养的学科建设，并不是说要把自己变成大杂烩、大拼盘，而是要把握好跨学科的“度”。

2.建立高校辅导员职业能力培养的专业组织

建立高校辅导员职业能力培养的专业组织有利于营造浓厚的专业氛围。随着高校辅导员队伍的壮大和高校辅导员职业能力培养专业化要求的提高，建立专业组织已然成为加强高校辅导员职业能力培养的重要举措。目前，我国虽建立了一些专业协会，但这些专业协会在高校辅导员职业能力培养中发挥的作用还不够充分。针对当前专业组织建设存在的问题和未来工作的需要，应分层次、多类型地建立一批独立性强、覆盖面广、影响力大的专业组织。第一，建立多层次的专业组织。既要建立全国性的专业组织，也要建立地方专业组织和高校内的专业组织。全国性的专业组织可在全国范围内开展示范培训、职业能力资格认证等。地方教育主管部门建立的专业组织既可承担本地区高校辅导员的岗前培训、日常培训和骨干培训，也可组织优秀辅导员进行学习交流、研修深造、挂职锻炼、科学研究。高校内部的专业组织可为本校辅导员提供互通信息、交流经验的平台。第二，创立多种类型的专业组织。按性质划分，既有由高校辅导员根据自己的兴趣、爱好、特长建立的非正式专业组织，又有由地方教育主管部门、高校基于辅导员的工作职责、工作实务建立的正式专业组织；按工作内容划分，既有为高校辅导员职业能力培养提供系统服务的专业组织，又有针对具体培养内容的专业组织，如以学生学习与发展指导为主要研究内容的专业组织、以学生党团和班级建设为主要研究内容的专业组织、以学生心理健康教育与咨询为主要研究内容的专业组织、以学生职业规划与就业创业指导为主要研究内容的专业组织等；从工作方式来说，既可组建科研团队，提升高校辅导员队伍的科研能力；也可举办学术会议、出版专业刊物，促进高校辅导员之间的学术交流。一言以蔽之，建立多层次、多类型的专业组织，形成一个专业组织网络体系，将有利于高校辅导员职业能力培养的专业化发展。

3.完善高校辅导员职业能力培养的课程体系

完善课程体系是促进高校辅导员职业能力培养专业化发展的基础环节。目前，高校辅导员职业能力培养还没有建立起系统、规范的课程体系。要加强理论探究和实践探索，逐步建立起层次分明、结构合理、功能互补的高校辅导员职业能力培养课程体系。完善高校辅导员职业能力培养课程体系应把握好以下原则：适时性原则，即课程设置要适应时代需要，不仅能及时解答高校辅导员职业能力培养中的重大理论命题和现实课题，还能前瞻性展望前沿问题；兼容并包原则，即课程设置要吸收借鉴国内高校辅导员职业能力培养和国外高校学生事务管理者职业能力培养的优秀成果，具备历史视野和国际视野；针对性原则，即课程设置要立足高校辅导员职业能力现状，满足高校辅导员职业能力发展期待；实用性原则，即课程设置要能培养大学生思想政治工作急需和高校辅导员紧缺的职业能力；系统性原则，即课程设置要以技能训练为重点，科学合理、整体协调、层次分明。笔者以为，高校辅导员职业能力培养的课程体系可设置为：以哲学、政治学、伦理学、教育学、心理学、社会学、管理学、法学为基础课程，以思想政治教育学原理、思想政治教育史、思想政治教育方法论、思想政治教育心理学、比较思想政治教育等思想政治教育基本理论与方法为专业基础课程，以党团和班级建设、学风建设、日常事务管理、心理健康教育与咨询、校园危机事件应对、职业规划与就业创业指导等大学生思想政治工作实务研究为主干课程。

4.完善高校辅导员职业能力培养的教材体系

完善教材体系是促进高校辅导员职业能力培养专业化发展的重要前提。要有计划、有组织地编写一批基础课程教材和主干课程教材，形成以重点教材为核心，辅助教材为支撑，门类齐全、形式多样、各具特色的高校辅导员职业能力培养教材体系。具体做法为：组建教材编写队伍。要组建一支由学术带头人、理论研究者和实践工作者组成的教材编写队伍，承担高校辅导员职业能力培养的教材编写工作；立足现实。高校辅导员职业能力培养教材编写要立足大学生思想政治教育实践和高校辅导员职业能力实际；以学科建设为依托。编写高校辅导员职业能力培养教材要以大学生思想政治教育学科建设为依托，充分展示学科建设的最新理论成果；研制和开发多媒体教材。要充分利用现代信息技术，研制和开发多媒体教材，以此增强高校辅导员职业能力培养的生动性和趣味性；完善领导和管理机制。高校辅导员职业能力培养教材编写是一项政治性很强的工作，需加强领导和管理。应成立教材编审委员会，严格教材审批制度，防止教材编写中出现“多、滥、质量不高”等问题。高校辅导员职业能力培养教材的编写应实行国家和地方两级管理。国家有关部门统筹规划、统一管理全国教材的编写工作，负责编写教学大纲、教学要求和全国通用教材。地方教育主管部门可按照国家统一颁布的教学大纲和教学要求，编写适应本地区实际的地方教材。高校可根据本校实际编写供本校使用的校本教材，但要报当地教育主管部门批准，并在批准范围内使用。此外，有关部门还要为高校辅导员职业能力培养教材的编写提供保障，在政策、资金、人员等方面提供便利。

5.组建高校辅导员职业能力培养的专业师资队伍

组建一支坚持党的领导，具备马克思主义理论修养、扎实的思想政治教育及相关学科理论功底、丰富培养经验的师资队伍，不仅能为高校辅导员职业能力培养提供保障，还能为后续发展提供有力的人才支撑。当前，高校辅导员职业能力培养在师资队伍上存在数量不足、水平不高、年龄老化的问题。针对当前存在的问题和未来工作的需要,可从以下方面着手:第一,优选师资队伍。《高等学校辅导员职业能力标准(暂行)》规定,培训辅导员的教师必须具备较高的学术水平、理论修养和丰富的实践经验。根据这一规定,高校辅导员职业能力培养师资队伍的选拔要坚持“择优”原则,优选人才,既将政治立场坚定、勇于开拓创新,具有丰富大学生思想政治教育理论知识和相关学科知识的专家、学者吸收进来,又从学校党政领导、相关职能部门负责老师、离退休教授中选拔具有丰富大学生思想政治教育实践经验的人加入,还要选拔工作在大学生思想政治教育第一线的优秀辅导员加入。同时,还要实现不同省市、高校培养师资的资源共享,促进优秀师资的跨省、校际流动,努力打造一个立体、全方位、开放的师资培养库。第二,精育师资队伍。要高度重视师资队伍的培育,在政策上给予优先保证,在经费上给予大力支持,着力打造一批理论功底扎实、实践经验丰富的理论大家、学术带头人、教学名师和后备人才。

6.组织高校辅导员参加专业实践

专业实践是提升高校辅导员职业能力培养专业化水平的重要途径。组织高校辅导员参加专业实践可从以下方面入手:第一,在专业教学中设置实践环节。高校辅导员要提升职业能力,首先需要丰富知识储备、完善知识结构。专业教学是提升高校辅导员职业能力的重要途径,但专业教学不是单纯的理论灌输,而是将理论与实践相结合,学以致用、学而能用的过程。要想充分发挥专业教学在高校辅导员职业能力培养中的作用,需要在专业教学中设置实践环节,鼓励和组织高校辅导员积极参加专业实践,在专业实践中提升职业能力。具体应做好以下工作:明确目标、合理规定课时、丰富内容、拓展途径、完善考评机制。第二,组织专业特色鲜明的社会实践。专业特色鲜明的社会实践有利于高校辅导员开拓视野、拓展思维,提升解决实际问题的能力。应积极组织高校辅导员参加专业特色鲜明的社会实践,如组织社会调查,提升高校辅导员解决社会现实问题的能力;组织参观访问,引导高校辅导员学习典型的成功经验;组织挂职锻炼,提升高校辅导员的基层服务意识和能力。

(二)坚持培养的职业化导向

职业化是高校辅导员职业能力培养的导向。没有职业化培养作保障,高校辅导员职业能力培养难以可持续发展。

1.依据高校辅导员的职业定位开展职业能力培养

辅导员作为高校教书育人的重要力量,有明确的职业定位。坚持高校辅导员职业能力培养的职业化导向,首先要依据高校辅导员的职业定位开展培养。

(1)依据高校辅导员的角色定位开展职业能力培养

依据高校辅导员的角色定位开展职业能力培养,不仅能增强高校辅导员的自我角色认同,自觉将高校辅导员职业当作一生的事业来追求,而且能改变外界对高校辅导员的错误认知,提升高校辅导员的社会地位和学术地位。教育部43号令明确规定,高校辅导员是大学生日常思想政治教育和管理工作的组织者、实施者、指导者,大学生成长成才的人生导师和健康生活的知心朋友①。高校辅导员职业能力培养要依据高校辅导员的角色定位来进行,使其既能有效组织各种教育力量、教育资源开展大学生日常思想政治教育和管理工作,又能具体实施大学生日常思想政治教育和管理工作,还能正确指导大学生党团和班级建设、学风建设、心理健康教育与咨询、职业规划与就业创业、校园文化建设;既能扮演好"学问之师"的角色,还能担负起"品行之师"的职责,引导大学生在"为学"的同时更好地"为人""为事";既能与大学生倾心相交,共同分享成功与喜悦,又能与大学生并肩作战,共同面对困难与挫折。

(2)依据高校辅导员的工作定位开展职业能力培养

依据高校辅导员的工作定位开展职业能力培养,能针对性地提升高校辅导员的职业能力。根据教育部规定,高校辅导员的工作定位是:按照学校党委的部署开展大学生思想政治教育活动,重点对学生开展思想政治教育、日常事务管理和服务工作;在大学生思想政治教育活动中,既要协调与其他

---

①《普通高等学校辅导员队伍建设规定》,http://old.moe.gov.cn/publicfiles/business/htmlfiles/moe/moe—621/201001/xxgk_81843.html,访问日期:2018年2月7日。

教育者的关系，形成教育合力，又要发挥大学生在思想政治教育中的主导作用。高校辅导员职业能力培养要依据高校辅导员的工作定位，提升高校辅导员的思想政治教育能力、日常事务管理能力和服务育人能力，充分发挥其在大学生思想政治教育中的基层骨干作用；提升高校辅导员的协调能力，使其能全面协调与其他教育主体的关系；提升高校辅导员的组织能力，充分发挥大学生在学校教育和自我教育中的主体性地位。

(3)依据高校辅导员的工作职责开展职业能力培养

依据高校辅导员的工作职责开展职业能力培养，有利于明晰培养内容，克服主观随意性。依据教育部 43 号令，高校辅导员的主要工作职责为：思想理论教育和价值引领、党团和班级建设、学风建设、学生日常事务管理、心理健康教育与咨询、网络思想政治教育、校园危机事件应对、职业规划与就业创业指导、理论和实践研究①。依据工作职责，高校辅导员职业能力培养的内容主要包括：第一，思想理论教育与价值引领能力。思想理论教育与价值引领是高校辅导员众多工作职责中的“主业”。这也决定了思想理论教育与价值引领能力是高校辅导员的核心能力。培养内容应以思想理论教育与价值引领能力为核心，将高校辅导员培养成能帮助大学生牢固树立正确世界观、人生观和价值观，有针对性地解决大学生思想认识、价值取向、学习生活和择业交友等问题的专业人才；第二，事务管理能力。日常事务管理是高校辅导员的工作职责之一。高校辅导员只有做好了这项基础工作，大学生才会愿意接受、乐于接受其教育引导和发展指导。这就决定了事务管理能力是高校辅导员的基础能力。培养内容应以事务管理能力为基础，将高校辅导员培养成能有效开展新生入学教育、学生军训、贫困生资助、评奖评优、宿舍文化建设、违法违纪行为处理、毕业生文明离校教育及管理和服务等活动的专业人才；第三，发展指导能力。高校辅导员是大学生的引路人和指导者。这就决定了发展指导能力是高校辅导员的重要能力。培养内容应以发展指导能力为重点，将高校辅导员培养成能做好党团和班级建设、学风建设、心理健康教育与咨询、职业规划与就业创业指导、校园文化建设、社会实

---

①《普通高等学校辅导员队伍建设规定》，http://old.moe.gov.cn/publicfiles/business/htmlfiles/moe/moe－621/201001/xxgk_81843.html，访问工期：2018 年 2 月 7 日。

践指导等工作的专业人才。

2.建立高校辅导员职业能力准入制度

建立高校辅导员职业能力准入制度，能将业务能力强的高校辅导员选入大学生思想政治教育队伍，从源头上保证高校辅导员的质量。

(1)贯彻落实高校辅导员职业能力标准

高校辅导员职业能力标准是国家对合格辅导员职业能力的基本要求，是推动高校辅导员专业化、职业化发展的基本准则，也是培养高校辅导员职业能力的政策依据。目前，高校辅导员队伍中存在的角色定位模糊、工作职责不明、工作定位不准确等问题，均与高校辅导员职业能力标准不清晰有关①。2014 年 3 月 25 日，教育部印发了《高等学校辅导员职业能力标准(暂行)》(以下简称《标准》)，系统构建了高校辅导员职业能力标准体系。当前，要把贯彻落实《标准》作为加强高校辅导员职业能力培养的重要任务和举措：各地教育主管部门要将《标准》作为本地区高校辅导员职业能力培养的依据，完善规章制度、建立保障体系，健全体制机制；各高校要结合本校实际，制定贯彻落实《标准》的具体措施，调整培养方案、工作职能、考核考评指标等；各级辅导员培训和研修基地要围绕标准建立健全课程体系，编写高质量的培训教材，规范培训内容；高校辅导员要深刻领会《标准》的基本理念，准确把握主要内容，全面落实各项要求，把《标准》作为提升职业能力的行为准则②。

(2)建立高校辅导员职业能力资格认证制度

建立职业能力资格认证制度，不仅有助于将职业能力过硬的优秀人才选入辅导员队伍，也有助于提升高校辅导员职业能力培养的社会认可度。早在 2006 年教育部颁发的《2006—2010 年普通高等学校辅导员培训计划》

---

①卢吉超：《辅导员队伍专业化建设路径探析——以辅导员职业能力标准为视角》，《思想理论教育》2014 年第 11 期，第 102 页。

②《教育部思想政治工作司负责人就〈高等学校辅导员职业能力标准(暂行)〉答记者问》，http://www.moe.gov.cn/publicfiles/business/htmlfiles/moe/A12_ft/201404/166837.html，访问日期：2017 年 3 月 6 日。

中就已明确指出，要“逐步建立辅导员持证上岗制度”[①]。目前，我国高校辅导员职业能力资格认证制度尚处于起步阶段。随着高校辅导员队伍的专业化、职业化发展，高校辅导员职业能力资格认证制度将逐步完善。建立高校辅导员职业能力资格认证制度可从以下方面入手：第一，明确认证主体。高校辅导员职业能力资格认证可由教育部主管部门统一领导、统筹规划，负责政策制定、宏观指导和检查监督。行业协会认证是国际上通行的第三方认证的做法[②]，可由全国高校辅导员协会牵头执行，具体负责高校辅导员职业能力资格认证工作。第二，分类建立认证制度。根据高校辅导员工作内容的具体构成，可分类建立高校辅导员职业能力资格认证制度，明确不同类别高校辅导员的职业能力要求、职业能力资格认证标准和等级。第三，划分资格认证等级。《高等学校辅导员职业能力标准（暂行）》将高校辅导员分为初级、中级和高级等三个职业等级。对接《标准》，高校辅导员职业能力资格认证等级也可划分为初级、中级和高级。第四，组织资格考试。高校辅导员职业能力资格考试可由全国高校辅导员协会牵头，具体负责组织工作。考试内容应包括与大学生思想政治教育工作相关的知识、技能，考试方式包括笔试和面试。笔试主要考查应聘者是否具备从事大学生思想政治工作的专业知识和职业能力，面试主要考查应聘者解决大学生思想政治教育实际问题的能力。由于我国高校辅导员职业能力资格认证制度尚处于初探阶段，从“无证从业”到“持证上岗”有一个过渡期，对今后有志加入大学生思想政治教育队伍的人要严格执行高校辅导员职业能力资格认证制度，对在岗的“无证人员”要给他们一个时间上的缓冲期，规定在多长时间内取得职业能力资格证书，超过规定时间没有取得职业能力资格证书的将不能继续从事相关工作。

3.加强高校辅导员职业能力规划

职业能力规划有助于高校辅导员职业能力的可持续发展。辅导员专业

---

①教育部思想政治工作司组编《加强和改进大学生思想政治教育重要文献选编（1978—2008）》，中国人民大学出版社，2008，第497页。

②周家伦主编《高校辅导员：理论、实务与开拓》，同济大学出版社，2011，第194页。

化成长不仅是辅导员自身发展的问题，亦是组织可持续发展的问题[①]。因此，加强高校辅导员职业能力规划包括组织和个人两个层面。

(1)高校应加强对辅导员职业能力规划的指导

高校应着眼于辅导员职业能力的可持续发展，加强对辅导员职业能力规划的宏观指导。第一，宣传引导。高校要大力宣传学校发展目标、发展任务和人才培养计划，引导辅导员从宏观角度认识自身工作的意义和价值，将自我发展目标与学校发展目标相整合，制订既能促进学校整体发展，又能实现自我全面发展的职业能力目标。第二，分类指导。处于不同职业发展阶段的高校辅导员，他们的职业能力发展目标是不同的，高校给予他们的职业能力规划指导也不尽相同。对于初级辅导员，高校应指导他们制订能尽快适应大学生思想政治工作的规划。对于中级辅导员，高校应指导他们制订能提升职业能力水平、完善职业能力结构的规划。对于高级辅导员，高校应指导他们制订能探究大学生思想政治教育规律，创造性开展大学生思想政治工作的规划。第三，创造条件。高校辅导员职业能力规划的实现需要一定条件。高校应在政策、资金、技术、时间等方面创造有利条件，帮助辅导员实现职业能力规划。第四，与时俱进。高校要善于根据形势发展和环境变化，指导辅导员与时俱进地调整职业能力规划，循序渐进地实现职业能力目标。

(2)高校辅导员应积极开展职业能力规划

从根本上讲，职业化发展是高校辅导员内在发展需求的外显。高校辅导员作为自身职业能力规划的主体，需具备自觉意识，能根据自身职业能力现状和外部环境，结合大学生思想政治教育要求和个人发展需求，积极开展职业能力规划。第一，自我分析。自我分析是高校辅导员开展职业能力规划的前提和依据。高校辅导员要对自己的爱好特长、性格特征、专业背景、工作意愿、职业能力现状等进行全面客观的分析，准确定位职业能力发展目标。第二，衡量匹配程度。高校辅导员要将自身职业能力与岗位要求相对比，衡量二者的匹配程度，了解自身职业能力发展的优势和劣势。第三，了

---

①李永山:《美国高校学生事务队伍专业化发展及其启示》,《思想教育研究》2009 年第 4 期，第 65 页。

解职业环境。职业环境是职业活动的外部影响因素之一。高校辅导员只有明晰职业环境，才能扬长避短、趋利避害，有针对性地开展职业能力规划。第四，系统规划。系统规划有利于增强实效性。高校辅导员要根据学校发展目标、自身职业能力现状及发展需求、职业环境等，明确职业能力发展目标、制订职业能力提升计划及策略等。第五，践行职业能力目标。职业能力发展目标确定后，高校辅导员应努力通过实践将目标变为现实。

二、增强高校辅导员职业能力培养内容的针对性

培养内容是培养目的和任务的具体化。全面把握培养内容，并根据不同培养对象的实际情况加以灵活运用，有利于增强培养的实效性。基于高校辅导员职业能力培养内容针对性不强的问题，可从以下几个方面着手。

（一）彰显时代特征

当今时代的特征可概括为：经济全球化、政治多极化、文化多元化和社会信息化。高校辅导员职业能力培养内容要充分彰显这些时代特征。

1.观照经济全球化

经济全球化是一把“双刃剑”，既为我国经济社会发展带来了机遇，也对我国的经济、政治、文化提出了挑战。身处经济全球化时代的大学生思想活跃、视野开阔，但由于社会阅历的欠缺、知识水平的限制，他们对经济全球化缺乏全面客观的认知和了解，部分大学生以经济、科技作为价值判断的唯一标准。引导大学生正确认识和积极参与经济全球化是高校辅导员的工作职责。高校辅导员职业能力培养要结合经济全球化提升高校辅导员的职业能力，使其既能引导大学生适应经济全球化发展趋势，以宽广的视野看待经济全球化，以积极的态度参与经济全球化；又能教育大学生理性认识经济全球化，学会在经济全球化中维护国家主权和民族尊严，反对西方国家鼓吹的政治一体化和文化一体化。

2.审视政治多极化

世界政治格局的多极化发展，有利于彰显和实现各国人民的共同意愿和利益，推动国际政治新秩序的形成。但政治多极化也存在一些矛盾和斗

争等不确定因素。当前,政治多极化对大学生的思想观点、价值观念、思维方式等产生了复杂而多变的影响,大学生思想政治教育遇到了前所未有的挑战。引导大学生正确认识政治多极化是高校辅导员的工作职责。高校辅导员职业能力培养要结合政治多极化提升高校辅导员职业能力,使其增强政治敏锐性和政治鉴别力,能正确区分政治问题和学术问题、思想意识问题和思想认识问题①,还能教育大学生在政治多极化中明确政治方向、坚定政治立场、端正政治态度,有效防范和抵制西方敌对势力"西化"和"分化"的阴谋。政治多极化的时代境遇中,尤其要重视对高校辅导员社会思潮引领能力的培养。当今时代,多元化社会思潮对大学生的思想和行为产生着不同程度的影响②,是大学生价值观嬗变的主要影响因子。加强高校辅导员职业能力培养,要提升高校辅导员引领社会思潮的能力,充分发挥他们在筑牢意识形态工作前沿阵地中的基层骨干作用。

3.回应文化多元化

文化多元化时代,不同国家和民族间的文化交流交融,促进了人类文化的繁荣与发展,但多元文化在交流交融的过程中也带来了民族文化与异质文化的交锋。引导大学生正确认识和积极应对文化多元化是高校辅导员的工作职责。高校辅导员职业能力培养要结合文化多元化提升高校辅导员的文化建设能力和文化育人能力,使其能继承和发扬中华优秀传统文化,促进社会主义先进文化建设③;能推动中国特色社会主义文化融入人类文化发展长河,在与不同文化交流交融交锋的过程中,彰显中国特色社会主义文化先进性,增强中国特色社会主义文化感召力;能繁荣具有中国特色、体现时代要求的校园文化,培育滋养心灵、涵育品行、引领风尚的大学精神,把大学建设成为精神文明建设示范区和辐射源④;能引导大学生正确对待不同文化的交流交融交锋,既不"盲目排外",也不"盲目追崇",而是在传承和弘扬

①陈万柏、张耀灿主编《思想政治教育学原理》,高等教育出版社,2007,第156页。

②邓卓明主编《社会思潮专题研究》,中国社会科学出版社,2012,第181页。

③《关于进一步加强和改进新形势下高校宣传思想工作的意见》,《人民日报》,2015年1月20日。

④《关于进一步加强和改进新形势下高校宣传思想工作的意见》,《人民日报》,2015年1月20日。

中华民族优秀传统文化的基础之上，学习借鉴其他国家或民族的优秀文化。

4.应对社会信息化

社会信息化时代，各种信息资源能最大限度地得到开发和利用。信息化对大学生的影响最为广泛、深刻。它不仅给大学生的学习、工作和生活带来了便利，也对大学生的素质和能力提出了新的更高的要求。引导大学生应对社会信息化是高校辅导员的工作职责。高校辅导员职业能力培养要结合社会信息化，培养高校辅导员的信息意识和信息处理能力，使其能通过社会调查、观察体验、思想预测等方法获取大学生思想政治教育信息，能通过矛盾分析、系统分析、因果分析、比较分析、定性定量分析等方法分析大学生思想政治教育信息[①]，能运用去粗取精、去伪存真、由此及彼、由表及里等方法处理大学生思想政治教育信息。

（二）观照思想政治教育对象

大学生的思想现状和发展期待是高校辅导员职业能力培养的现实基点。加强高校辅导员职业能力培养要立足于大学生思想现状、着眼于大学生的发展期待。

1.立足于大学生的思想现状

大学生思想现状是加强高校辅导员职业能力培养的现实依据。最近几年的大学生思想政治状况滚动调查显示，当前大学生思想主流继续保持积极健康、向上向好的良好态势，他们高度认同以习近平同志为核心的党中央的治国理政新理念新思想新战略，坚定“四个自信”，对党和国家未来充满信心，积极培育和践行社会主义核心价值观，立志成长成才，投身社会实践[②]。可以说，当代大学生思想政治道德素质的主流是好的，但仍有部分大学生在理想信念、价值取向、诚信意识、心理素质等方面存在不同程度的问题，迫切需要高校辅导员给予教育引导。高校辅导员职业能力培养要立足大学生思想行为特点及思想政治状况，有针对性地帮助大学生处理好思想认识、价值

①郑永廷主编《思想政治教育方法论》，高等教育出版社，2010，第 94 页。

②《2016 年大学生思想政治状况滚动调查表明大学生思想主流积极健康、向上向好》，http://www.moe.gov.cn/jyb_xwfb/gzdt_gzdt/s5987/201605/t20160531_247095.html，访问日期：2018 年 1 月 8 日。

取向、学习生活、择业交友等方面的具体问题。

2.着眼于大学生的发展期待

高等教育从精英教育迈向大众教育后,学业竞争和就业竞争日益加剧,大学生在学习、生活、发展等方面的期待发生了新变化。这不仅要求高校辅导员的工作职能要随之拓展,也要求其职业能力要随之提升。例如,随着大学生学业压力的增加,高校辅导员要能培养学生学习的兴趣,指导学生养成良好的学习习惯,规范学生的学习行为。在就业压力面前,高校辅导员要能为大学生提供高效优质的就业指导和信息服务。又如,大学生群体心理问题日益凸显,这就要求高校辅导员要能对其开展心理健康教育与咨询。再如学分制的实行、后勤服务社会化使得原有的学生管理模式难以满足学生个性化的发展期待。这就要求高校辅导员能打破传统的教育管理模式,探究新的教育管理模式。高校辅导员职业能力培养要着眼于大学生的发展期待,着力培养高校辅导员的学业指导能力、职业规划与就业创业指导能力、心理健康教育与咨询能力、学生事务管理能力和服务育人能力等。

(三)关注高校辅导员职业能力现状

职业能力现状是高校辅导员职业能力培养的立足点。加强高校辅导员职业能力培养要关注高校辅导员职业能力现状。

1.重点培养高校辅导员的核心能力

思想政治教育能力是高校辅导员的核心能力。高校辅导员职业能力培养的内容非常丰富,但诸多内容的地位和作用不是平行的。职业定位决定了思想政治教育能力是高校辅导员职业能力培养的核心内容,决定着内容体系的性质和方向。然而,在现实生活中,高校辅导员的工作负荷较大,面对数百名大学生,整日忙于琐碎性事务,无心无力开展深入细致的思想理论教育和价值引导,思想政治教育能力较为薄弱。因此,要重点培养高校辅导员的思想政治教育能力,使高校辅导员能教育大学生形成正确的思想观念、思想路线、思维方式和思想作风,能教育大学生确立马克思主义科学信仰、中国特色社会主义共同理想,能教育大学生内化道德规范、形成道德观念、发展道德判断、践行道德要求、养成道德习惯。

2.丰富高校辅导员职业能力培养内容

职业能力欠缺是当前高校辅导员存在的一大突出问题。加强高校辅导员职业能力培养，不仅要突出核心内容，而且要随时代发展和社会进步丰富培养内容，形成诸多培养内容有机联系、相互协调的合理结构。做好日常思想政治教育工作、服务育人工作、人文关怀和心理疏导工作，是高校辅导员的工作职责。基于高校辅导员的工作职责，丰富高校辅导员职业能力培养内容应从教育引导、事务管理和发展指导等方面入手。

3.更新高校辅导员职业能力培养内容

无法适应新形势、胜任新任务、解决新问题是当前高校辅导员存在的又一突出问题。这就要求高校和培养机构等不断更新高校辅导员职业能力培养内容，实现职业能力的要素更新和结构升级。教育引导能力方面，要加强新时代中国特色社会主义思想教育能力、中国梦宣传教育能力、社会主义核心价值观教育能力等的培养；事务管理能力方面，要加强新生入学教育能力、毕业生教育及管理服务能力、新生军事训练组织能力、贫困生资助育人能力、奖励评估能力、宿舍文化建设能力、校园危机事件应对能力等的培养；发展指导能力方面，要加强学风建设能力、心理健康教育与咨询能力、网络思想政治教育能力、职业规划与就业创业指导能力等的培养。

三、充分发挥高校辅导员职业能力培养途径的作用①

培养途径是培养的实现路径，对于达成培养目的、完成培养任务具有重要意义。加强高校辅导员职业能力培养，要充分发挥社会培养途径和自我培养途径的作用。

（一）充分发挥社会培养途径的作用

高校辅导员职业能力的社会培养，是指国家或社会组织对高校辅导员职业能力的培养。社会培养的优点是规模大、覆盖面广、门类齐全。

---

①费萍：《高校辅导员思想政治理论课教学能力建设的特点提炼》，《思想政治教育研究》2017年第4期，第153—155页。

1.充分发挥学位进修的应有作用

学位进修是系统提升高校辅导员职业能力的重要途径。思想政治教育专业设立的30多年里,部分高校辅导员以国家政策为依托在职攻读思想政治教育专业相关学位。学成后,职业能力显著提升,成为大学生思想政治教育的主力军。新时期,要继续鼓励和支持高校辅导员在做好大学生思想政治工作的同时攻读相关学位。第一,要高度重视。领导重视程度不够是学位进修的作用发挥不充分的重要原因。高校应鼓励和支持辅导员攻读学位,促使他们在学位进修中全面提升职业能力,努力成为大学生思想政治工作的专家、学者。高校在鼓励和支持辅导员攻读学位时,首先要积极推荐符合条件的辅导员在职攻读学位。攻读学位期间,领导要关心他们的学习、生活。对于获得学位重返工作岗位的辅导员,学校要合理安排使用,切实做到人尽其才。第二,要整体推进教学改革。学位进修教学过程中存在的问题制约着其应有作用的发挥。为此,要整体推进教学改革,不断提高教学质量,建立健全适应大学生思想政治教育实践和高校辅导员职业能力现状的教学体系。第三,要加强师资队伍建设。师资队伍不足、后继乏人是妨碍学位进修顺利进行的重要因素。充分发挥学位进修在高校辅导员职业能力培养中的作用,需要打造一支政治素质过硬、业务能力强、育人水平高超的师资队伍。为此,要积极采取措施,在政策和资金上给予优先保证,以培养学术带头人和中青年骨干教师为重点,着力打造一支理论功底扎实、实践经验丰富的师资队伍。

2.充分发挥在职培训的主导作用

在职培训是提升高校辅导员职业能力的主要途径,在高校辅导员职业能力培养中发挥着主导作用。高校辅导员在职业发展的不同阶段面临着不同的任务,这就需要我们建立分层培训体系。第一,建立分层培训模式。分层培训模式有助于高校辅导员职业能力培养的高效完成。当前,各地各高校应以促使高校辅导员专业化、职业化发展为导向,以全国高校辅导员示范培训为龙头,以教育部、省(区、市)高校辅导员培训和研修基地为重点,以高校岗前培训、日常培训和骨干培训为基础,建立分层培训模式。建立分层培训模式,要注意不同层次之间的衔接和补充,既体现阶段性又体现整体性。

第二，分层设置培训内容。高校辅导员职业能力培训要根据不同培训对象分层设置培训内容。高校辅导员职业能力培训的内容可分层设置为：基础能力培训。这主要针对初级辅导员，通过对他们开展入职培训、岗位适应培训、业务知识培训、职业技能培训，帮助他们掌握主题班会、党团活动、社会实践、个别谈心等基本工作方法，提升基础工作能力。关键能力培训。这主要针对中级辅导员，通过对他们开展职业培训，帮助他们具备较强的教育引导能力、事务管理能力和发展指导能力。创新能力培训。这主要针对高级辅导员，通过对他们开展科研能力和创新能力培训，帮助他们掌握规律性前沿性知识，创造性开展大学生思想政治教育。第三，利用多样化培训机构。开展高校辅导员职业能力培训的机构较多，要充分发挥高校、党校、行政学院、社会培训机构等的作用。随着改革开放的不断推进，国外培训机构在高校辅导员职业能力培训中的作用日益凸显。要积极选送优秀辅导员走出国门，充分利用国外培训机构在培训法规、课程设置、培训手段、师资队伍等方面的优势。第四，采用多样化培训方式。高校辅导员职业能力培训的方式较多，既包括传统培训方式，也包括现代培训方式。一方面，我们要充分采用传统培训方式，赋予传统培训方式新的时代内涵。如课堂教学、理论学习等传统培训方式的当代诠释就在于紧密结合大学生思想政治教育的新变化和高校辅导员职业能力培养的新要求，赋予课堂教学、理论学习新的时代内涵。另一方面，我们要根据时代发展和社会进步，不断创新培训方式。如专题讲座、社会实践、实地考察、活动观摩、情景模拟、拓展训练、答辩演讲、案例分析、课题研究、学术交流等方式，有利于充分调动高校辅导员参加职业能力培养的积极性、主动性和创造性。第五，采用多样化培训手段。高校辅导员职业能力培训可采用的手段较多，我们要用现代信息技术改造传统单一的培训手段，实现传统培训手段和现代培训手段的整合。

3.充分发挥社会实践的关键作用

"耳闻之不如目见之，目见之不如足践之。"社会实践是高校辅导员职业能力发展的土壤、职业能力展现的舞台，是提升高校辅导员职业能力的关键。高校辅导员职业能力培养要坚持理论教育与实践养成相统一的原则，促使高校辅导员在实践中增长才干。为此，各地各高校要制订计划，分期、分批组织高校辅导员参加社会实践，鼓励和引导他们在社会实践中锤炼作风、砥砺品质、增长才干。高校辅导员参加社会实践的形式多种多样，如社会调查能帮助高校辅导员了解国情、民情，增强理论说服力；参观访问能帮助高校辅导员学习借鉴其他高校辅导员的先进做法；基层挂职锻炼不仅能培养高校辅导员的基层服务意识和能力，还能以实际行动引领大学生到祖国最需要的地方建功立业。充分发挥社会实践在高校辅导员职业能力培养中的关键作用，应做好以下几点：第一，各地各高校应结合工作需要和现有条件，鼓励和引导辅导员参加社会实践，竭力为辅导员参加社会实践提供机会、搭建平台。第二，要结合高校辅导员肩负的时代重任和特有的职业身份合理安排社会实践岗位，引导高校辅导员在社会实践中培育“想干事”的意识和“能干事”的本领。第三，要健全保障机制，在制定倾斜政策的同时保证经费投入；要健全监督机制，开展全面考核和客观评价；要健全激励机制，利用报刊、广播、电视、网络等传媒手段宣传高校辅导员参加社会实践的典型经验和先进事迹，辐射带动更多的高校辅导员积极投身社会实践。

4.充分发挥出国研修的辅助作用

出国研修是高校辅导员职业能力培养途径的拓展。选送优秀辅导员出国研修，有利于他们开拓视野、增长见识，提升应对国际挑战、解决实际问题的能力。教育部 43 号令对高校辅导员出国研修做出了明确规定，是指导各地各高校选送辅导员出国研修的政策依据和行动指南。地方和高校应分期、分批选送优秀辅导员到国外大学和研究机构进行研修，帮助他们获取前沿知识、掌握先进工作方法，提升学生事务管理能力。充分发挥出国研修在高校辅导员职业能力培养中的作用可从以下方面入手：第一，充分利用各种出国研修项目。高校辅导员可参加的出国研修项目有：国家留学基金委员会资助的国家公派项目、地方政府部门资助的单位公派项目、国外大学或科研机构资助的项目、学校公派项目、企业或基金会资助的项目等。第二，丰富出国研修方式。高校辅导员参加出国研修的方式有：攻读学位、博士后研究、课题研究、短期访问、课程学习等。第三，统筹规划出国研修。将高校辅导员出国研修纳入师资队伍建设整体规划，学校统筹安排，人事处组织落实，国际交流与合作处派出，院系配合。

（二）充分发挥自我培养途径的作用

高校辅导员职业能力的自我培养，是指高校辅导员主动提升职业能力。要促使高校辅导员职业能力培养从外生型向内生型转变，高校辅导员自身需树立自觉成长意识，紧随时代步伐、立足现实需要，主动提升职业能力。

1.充分发挥理论学习的基础性作用

2014 年 9 月 9 日，习近平同北京师范大学师生代表座谈时对高校教师殷殷寄语，希望高校教师能成为“四有”好老师。高校辅导员要成为“四有”好老师，首先要加强理论学习，将学习作为一种精神追求和生活方式。充分发挥理论学习在高校辅导员职业能力培养中的基础性作用，首先需要丰富理论学习的内容。《高等学校辅导员职业能力标准（暂行）》规定了高校辅导员应具备的职业知识。其中，高校辅导员理论学习的内容包括：马克思主义理论、哲学、政治学、伦理学、教育学、心理学、社会学、管理学等学科的基本原理和基础知识；思想政治教育学原理、思想政治教育史、思想政治教育方法论、思想政治教育心理学、比较思想政治教育等思想政治教育专业基本理论、知识和方法；学业指导、党团建设、贫困生资助、学生奖惩评估、心理健康教育与咨询、职业规划与就业指导、社会实践、校园文化建设、网络思想政治教育、危机事件处理等大学生思想政治教育工作实务相关知识。此外，高校辅导员还要学习现代科学技术知识和相关法律法规。高校辅导员强化理论学习，应树立终身学习理念，具备终身求知的意识、能力和习惯；改革学习方式，组建学习型团队；拓展学习途径，向书本学、向实践学、向大学生学。

2.充分发挥信息交流的合力作用

“独学而无友，则孤陋而寡闻。”信息时代，高校辅导员要卓有成效地开展大学生思想政治教育，需要具备信息意识，善于进行信息交流。充分发挥信息交流在高校辅导员职业能力培养中的合力作用可从以下方面入手：第一，加强与大学生之间的信息交流。大学生思想政治教育是教学相长的过程。高校辅导员的施教建立在对大学生全面、客观的了解之上。高校辅导员应加强与大学生的信息交流，准确掌握他们的思想动态及发展期待。在与大学生交流信息的过程中，高校辅导员还可以从大学生那里获取有益信息,促进自身的发展进步。第二,加强高校辅导员之间的信息交流。大学生思想政治教育是一项系统工程,要形成教育的协同效应,需要所有高校辅导员同向同行,通力合作。高校辅导员要加强彼此之间的信息交流,在交流学习心得、工作经验中提升职业能力。高校辅导员可通过高校辅导员工作研究会、高校辅导员职业技能大赛、高校辅导员工作沙龙、高校辅导员工作论坛等加强相互之间的信息交流,不断提升队伍的整体工作水平。第三,及时关注社会动态,掌握最新社会信息。在信息时代,高校辅导员工作要取得实效,需要了解影响大学生思想政治教育的外部环境因素。为此,高校辅导员应及时关注社会动态,掌握最新的信息,通过各种渠道了解影响大学生思想政治教育的外部环境因素。

3.充分发挥科学研究的支撑作用

开展科学研究有利于把握事物发展的客观规律。高校辅导员要积极开展科学研究,为职业能力的提升提供学理支撑。充分发挥科学研究在高校辅导员职业能力培养中的支撑作用可从以下几个方面入手。第一,丰富研究内容。高校辅导员研究的内容包括基础理论研究和应用理论研究两个部分。就基础理论研究而言,高校辅导员既要从总体上加强对大学生思想政治教育学科理论体系和学科专业体系的研究①,还要加强对大学生思想政治教育主干学科和分支学科的研究。此外,高校辅导员还要适应大学生思想政治教育的新变化,对大学生思想政治教育实践迅速发展而基础理论研究滞后的问题开展研究。就应用理论研究而言,高校辅导员要加强对大学生思想政治教育实践问题的研究,具体包括:a.根据大学生思想政治教育工作内容分门别类地开展研究。如围绕思想理论教育与价值引导、党团和班级建设、学风建设、日常事务管理、心理健康教育与咨询、网络思想政治教育、校园危机事件应对、职业规划与就业创业指导等领域,选择某一方面或某几方面开展研究。b.立足大学生思想政治教育理论体系的建构,重点研究大学生思想政治教育现实运行中的主体、客体、目的、任务、原则、内容、方法、载体、环境等实践问题。c.针对大学生思想政治教育现实运行中的突出

---

①张耀灿、郑永廷、吴潜涛、骆郁廷等:《现代思想政治教育学》,人民出版社,2006,第31页。

问题,重点研究网络思想政治教育、社区思想政治教育、朋辈群体教育引导等。d.立足队伍建设研究存在的问题和实际工作的需要,加强对高校辅导员队伍建设的基础理论、现实境遇和应对之策等的研究。第二,拓展研究途径。高校辅导员可从以下几个方面拓展研究途径:开展专项调查、撰写调查报告、研究工作案例、申请科研课题、组建学术团队、交流协同创新等[①]。第三,争取有关部门的支持。充分发挥科学研究在高校辅导员职业能力培养中的作用还需得到有关部门的大力支持,如教育部要继续在人文社会科学研究专项任务中设立辅导员专项,逐步加大项目经费支持力度;地方教育主管部门应在高校人文社科研究项目申报中设立辅导员专项,在政策、资金等方面适当倾斜;高校应拨出专项经费、设立专项课题,鼓励和支持辅导员结合工作实践开展科学研究。

四、建立健全高校辅导员职业能力培养机制

加强高校辅导员职业能力培养,要建立健全一套既立足当前,又着眼长远的长效机制,吸引更多热爱大学生思想政治教育的高素质人才加入辅导员队伍,让更多人才在辅导员岗位上施展才华。

(一)建立健全选拔机制[②]

配齐建强高校辅导员队伍,首先要严把入口关,将职业能力过硬的高素质人才选入辅导员队伍,从源头确保质量。针对当前高校辅导员选拔工作存在的问题,可从以下方面建立健全选拔机制。

1.明确选拔标准

明确选拔标准,有利于规范选拔活动,促进高校辅导员职业能力培养的科学化发展。

第一,明确基本标准。根据教育部24号令,高校辅导员选拔的基本标准为:政治强、业务精、纪律严、作风正,即德才兼备。“打铁还需自身硬。”高

---

①李琳:《高校辅导员职业能力提升的三个着力点》,《思想理论教育导刊》2015年第3期,第126页。

②费萍:《试论高校辅导员选拔机制的完善》,《黑龙江高教研究》2014年第3期,第129—130页。

校辅导员要对大学生进行思想理论教育和价值引领，自身需要具备较高的思想政治道德素质。思想政治道德素质是高校辅导员完成立德树人根本任务应具备的首要素质。与此同时，大学生思想政治教育的专业性和科学性要求高校辅导员具备较高的专业素养和较强的职业能力。职业能力是衡量高校辅导员专业化、职业化的标尺。高校辅导员选拔中，只有既重品德又重能力，才能将职业能力过硬的高素质人才选入辅导员队伍，从源头确保高校辅导员的质量。

第二，明确具体标准。根据教育部 43 号令，高校辅导员选拔的具体标准是：本科以上学历，热爱大学生思想政治教育事业，具有相关学科的宽口径知识储备，具备开展思想理论教育和价值引领工作的能力①。高校辅导员选拔的具体标准涵盖学历要求、学科背景、职业能力、职业资格、职业培训等方面。但总的来说，这一标准还比较笼统，需进一步量化和细化，才能增强选拔工作的针对性和实效性。

2.坚持选拔的相关原则

高校辅导员选拔应坚持以下原则。

第一，竞争原则。坚持竞争原则能促使高校辅导员选拔工作释放活力，形成能者上、庸者下、劣者汰的选拔氛围②。高校辅导员选拔坚持竞争原则要注意以下几点：一是竞争要充分。竞争充分是竞争有效的前提和基础。竞争不充分，高校辅导员选拔就会流于形式，不但无法将职业能力过硬的人才选入高校辅导员队伍，还会浪费人力、物力和财力。二是竞争要科学。要在公开竞争中将职业能力过硬的高素质人才挑选出来，必须科学选择适合高校辅导员职业能力现状的竞争方式，根据高校辅导员职业能力的特点科学设计竞争环节。三是竞争要合理。既要符合高校辅导员选拔的实际需要，又要符合高校辅导员的职业能力现状。四是竞争要公平。高校辅导员选拔应要求所有应聘者在同等条件下平等参与竞争、平等接受选拔，杜绝不

---

①《普通高等学校辅导员队伍建设规定》，http://old.moe.gov.cn/publicfiles/business/htmlfiles/moe/moe—621/201001/xxgk_81843.html，访问日期：2019 年 2 月 16 日。

②《中共中央宣传部 中共教育部党组关于加强和改进高校宣传思想工作队伍建设的意见》http://www.moe.gov.cn/srcsite/A12/moe_1416/s255/201510/t20151013_212978.html，访问日期：2019 年 2 月 27 日。

正当因素对选拔过程和结果的干扰。

第二,实践原则。实践性是高校辅导员职业能力培养的显著特征。因为,只有实践才能造就职业能力过硬的高校辅导员。高校辅导员职业能力培养的实践性决定了实践原则是高校辅导员选拔的重要原则。高校辅导员选拔坚持实践原则要注意以下两点:综合考察应聘者的职业能力表现和职业行为效果。高校辅导员的职业能力不仅呈现在大学生思想政治教育实践中,还会通过大学生思想政治教育效果表现出来。然而,具体的高校辅导员选拔具有时效性,需要在一定时间内完成,高校在短时间内很难对应聘者的职业能力进行全面考评,这就需要将辅导员选拔作为一项长期工作,动态考察应聘者的职业能力表现和职业行为效果。

第三,公平公开原则。公平公开原则能保证高校辅导员选拔按照既定程序进行,防止和减少不正之风,真正将职业能力过硬的优秀人才选入高校辅导员队伍。高校辅导员选拔坚持公平公开原则要注意三点:一是选拔标准要一致。高校辅导员选拔的标准要一致,不能因人而异。二是选拔机会要均等。选拔高校辅导员时要为所有应聘者提供公平竞争的机会,确保机会面前人人平等。三是选拔信息要公开。选拔高校辅导员时,要及时发布选拔的职位、类型、条件、时间、程序、结果等,让参与者及时了解选拔动态。

3.改进选拔方式

改进选拔方式能提高选拔质量,增强实效性。针对高校辅导员选拔工作存在的突出问题,改进选拔方式可从以下方面入手:第一,组织推荐。组织推荐是由学校党委或组织部、人事处等直接从教书育人好的教师或品学兼优的学生中推荐高校辅导员人选。由于组织对推荐人的情况比较了解,组织推荐有利于将职业能力过硬的优秀人才选入高校辅导员队伍,但组织推荐中要防止拉关系、走后门现象。第二,公开招聘。公开招聘是指高校根据本校大学生思想政治工作需要和高校辅导员队伍配备情况,按自愿和择优的原则在全社会公开选拔优秀人才担任高校辅导员。公开招聘扩大了高校辅导员选拔的范围,有利于职业能力过硬的优秀人才脱颖而出。但当前高校辅导员公开招聘的方式还不够完善,亟待加强理论研究和实践探索。

(二)建立健全管理机制

管理机制是高校辅导员职业能力培养规范化、制度化发展的保障。

1.多层次建立管理机构

多层次建立管理机构有利于明晰不同管理主体在高校辅导员职业能力培养中的权限和职责,充分调动他们的积极性、主动性。高校辅导员职业能力培养中,多层次建立管理机构可从以下方面入手:第一,各地教育主管部门负责本地区高校辅导员职业能力培养的宏观管理。各地教育主管部门要加强本地区高校辅导员职业能力培养的组织领导,统筹规划管理目标、任务、要求和方法等,检查监督本地区高校辅导员职业能力培养的开展情况,尤其要听取高校辅导员对职业能力培养的意见,以此作为考核各高校辅导员职业能力培养的依据。第二,高校分管领导负责本校辅导员职业能力培养的全面管理。高校负责大学生思想政治教育工作的分管校领导要从战略和全局的高度,充分认识高校辅导员职业能力培养的重要性和紧迫性,强化领导责任,明确管理职责和要求,制定管理工作条例,落实管理责任制,将党和国家的相关要求落到实处。第三,院(系)党政领导负责本院(系)辅导员职业能力培养的具体管理。院(系)党政领导应在学校的统一领导和相关职能部门的大力支持下,负责本院(系)辅导员职业能力培养的具体管理,全面落实学校关于辅导员职业能力培养的管理办法。院(系)党政领导还可结合本院(系)大学生思想政治工作需要和高校辅导员队伍情况,制定适用于本院(系)的具体管理办法。

2.坚持相关管理原则

对高校辅导员职业能力培养的管理必须坚持以下原则:第一,实效性原则。对高校辅导员职业能力培养的管理要注重实际效果,既追求物质成果,也追求精神成果;既注重高校辅导员职业能力的提升,也注重大学生思想政治教育的实效性。第二,系统性原则。坚持系统性原则,即将高校辅导员职业能力培养作为一个独立系统进行管理。自觉运用系统理论,对管理目标、要求、对象、过程等进行系统分析。第三,针对性原则。坚持针对性原则,即针对高校辅导员职业能力培养现状和高校辅导员职业能力现状“有的放矢”

地管理。第四,长期性原则。坚持长期性原则,即将高校辅导员职业能力培养管理作为一项长期任务长抓不懈,在长期抓、反复抓中提升管理效率。第五,连续性原则。坚持连续性原则,即将高校辅导员职业能力培养管理作为一个重要任务常抓不懈。既要保证高校辅导员职业能力培养管理时间的不间断,又要保证管理过程的有序性[①]。

3.改进管理方式

高校辅导员职业能力培养管理要通过有效方式才能实现。建立健全高校辅导员职业能力培养管理机制要改进管理方式:第一,目标管理。目标贯穿于高校辅导员职业能力培养全过程,是培养的灵魂和核心[②]。高校辅导员职业能力培养的关键在于建立一个明确、客观、科学的目标。"明确"要求培养目标要清晰明了,不能含混模糊;"客观"要求培养目标要符合高校辅导员职业能力培养实际,尤其要符合高校辅导员职业能力实际,不能主观臆断;"科学"要求培养目标要反映培养本质和规律,不能随心所欲。第二,计划管理。高校辅导员职业能力培养目标确定后,接下来就要制订计划,克服培养的盲目性。在计划的具体制订中要做到全面详细,不仅要有目标、内容的阐释,还要有方法、途径、手段、措施等的规定。第三,制度管理。制度管理有利于规范培养行为和过程,克服主观随意性。高校辅导员职业能力培养的制度管理包括对责任制度、纪律制度、奖励制度和惩罚制度等的管理。

(三)建立健全考核机制

考核机制不仅能客观反映高校辅导员职业能力培养情况,而且能科学评价高校辅导员职业能力培养情况,并以此为高校辅导员晋升和发展提供依据。

1.科学制定考核标准

考核标准是考核的依据,根据标准可衡量实际效果。开展高校辅导员职业能力培养考核,首先要制定考核标准。制定高校辅导员职业能力培养考核标准可从以下方面入手:第一,遵循考核标准的相关制定原则。制定高

---

①张耀灿、郑永廷、吴潜涛、骆郁廷等《现代思想政治教育学》,人民出版社,2006,第426页。

②陈万柏、张耀灿主编《思想政治教育学原理》,高等教育出版社,2007,第276页。

校辅导员职业能力培养考核标准要遵循客观、合理、科学、可操作和稳定等原则。“客观”要求考核标准要实事求是，否则不能真实反映高校辅导员职业能力培养的实际效果。“合理”要求考核标准要符合高校辅导员职业能力培养实际和高校辅导员职业能力实际。“科学”要求考核标准既要体现社会发展对高校辅导员职业能力的客观要求，又要符合高校辅导员职业能力培养实际。“可操作”要求考核标准要便于操作。“稳定”要求考核标准一旦确定就不要随意更改。第二，明确考核标准的内容。高校辅导员职业能力培养的效果既可通过培养活动本身体现，也可通过高校辅导员职业能力体现，还可通过大学生思想政治教育效果呈现出来。因此，制定高校辅导员职业能力培养考核标准时，要综合考虑以上三个方面的因素：其一，对高校辅导员职业能力培养活动效果进行考核。对高校辅导员职业能力培养活动效果的考核要综合考量培养活动的外部环境和内在动机，从中得出客观的考核结果；其二，对高校辅导员职业能力进行考核。对高校辅导员职业能力进行考核时，主要考核高校辅导员的职业能力是否得到提升、职业能力结构是否合理；其三，对大学生思想政治教育效果进行考核。考核大学生思想政治教育效果时，既要考核大学生思想政治教育系统内的纵向综合教育效果，也要考核大学生思想政治教育系统与社会大系统之间的横向综合教育效果。

2.严格遵循考核原则

高校辅导员职业能力培养考核应遵循以下原则：第一，定性考核与定量考核相结合的原则。高校辅导员职业能力培养是质和量的统一。考核过程中，既要界定高校辅导员职业能力培养质的高低，又要分析高校辅导员职业能力培养量的多少。二者的结合是经验和科学的结合①。第二，个人考核与他人考核相结合的原则。高校辅导员职业能力培养分为社会培养和自我培养两种。因此，对高校辅导员职业能力培养进行考核时，既要采用检查评估、问卷调查、民意测验等他人考核的方式，也要采用高校辅导员自我考核的方式。第三，动态考核与静态考核相结合的原则。考核高校辅导员职业能力培养时，既要将其置于总的发展过程中考核其发展态势，又要将其放在

① 罗洪铁主编《思想政治教育专题研究》，中央文献出版社，2007，第402页。

一个相对稳定的环境中考核其现状。也就是说,考核高校辅导员职业能力培养既要立足当前,衡量现有效果;又要着眼长远,预见发展趋势。第四,过程考核与结果考核相结合的原则。高校辅导员职业能力培养是一个循序渐进的过程,不是一蹴而就的。考核高校辅导员职业能力培养,不能等到培养完全出效果后才考核,而应每隔一段时间,如每隔一学期或一学年即进行考核。也就是说,考核高校辅导员职业能力培养既要看最终效果,也要看培养过程中的阶段性效果。

3.规范考核程序

建立健全高校辅导员职业能力培养考核机制需规范考核程序:第一,成立高校辅导员职业能力培养考核工作领导小组。高校应成立辅导员职业能力培养考核工作领导小组,该小组由分管学生工作的党委副书记或副校长担任组长,由组织部、人事处、学工部和院(系)组成。第二,制定考核方案并公布。具体开展高校辅导员职业能力培养考核工作前,高校要制定考核方案,包括考核目的、任务、指标、内容、方法、步骤、等级等。考核方案制定后,要通过文件、会议或网络的形式在一定范围内公布。第三,实施考核方案。考核方案制定后,考核工作领导小组要深入现实,通过问卷调查、座谈会、个别访谈等方式广泛深入地了解高校辅导员职业能力培养的开展情况。现状调查结束后,考核工作领导小组要整理分析调查阶段收集到的数据。第四,形成考核结论。考核工作领导小组要在综合调研的基础之上形成考核结论并将考核结论在一定范围内公示,以便各院(系)了解自己的成绩与不足,吸取经验教训,明确今后努力的方向。第五,根据考核结果实施奖惩。考核工作领导小组要将考核结果作为对各院(系)年度考核和奖惩的依据。考核不及格的集体或个人,要进行批评教育。对表现突出的先进集体或个人要给予表彰、奖励和宣传。

(四)建立健全激励机制

激励机制不仅能促使高校辅导员积极参与职业能力培养,还能激发其创新创造的活力。

1.坚持激励原则

建立健全高校辅导员职业能力培养激励机制需坚持以下激励原则:

第一，物质激励和精神激励相结合的原则。物质激励和精神激励是两种不同的激励手段，二者满足需要的层次不同，激励方式不同。在对高校辅导员职业能力培养进行激励时要坚持二者的统一，既要通过津贴补贴、奖金奖品等物质激励，又要通过颁发奖状、通报表扬、授予荣誉称号、宣传先进典型等精神激励来激发高校辅导员参与职业能力培养的积极性。但总的来说，在对高校辅导员职业能力培养进行激励时要坚持以精神激励为主，物质激励为辅。这是因为：物质激励主要满足激励者低层次的需要，精神激励能满足激励者高层次的需要，物质激励的持续时间较短，精神激励的持续时间较长。

第二，正面激励和负面激励相结合的原则。对高校辅导员职业能力培养进行激励时，既要对成效突出的集体或个人旗帜鲜明地开展正面激励，以便其他集体或个人学习、效仿，又要对成效较差的集体或个人给予必要的负面激励，教育其他集体或个人引以为戒。但总的来说，在对高校辅导员职业能力培养进行激励时要坚持以正面激励为主，负面激励为辅。这是因为：当前我国高校辅导员职业能力培养取得的成绩是主要的。这一客观事实要求我们在高校辅导员职业能力培养中要坚持以正面激励为主，充分肯定集体或个人取得的成绩。当然，对高校辅导员职业能力培养存在的突出问题也要实事求是地给予负面激励。负面激励是为了消除不利因素，调动有利因素，促使高校辅导员职业能力培养的顺利开展。此外，我们在对高校辅导员职业能力培养进行激励时，要掌握好正面激励和负面激励的度，做到实事求是、客观公正。

第三，内在激励和外在激励相结合的原则。既要通过内在因素又要通过外在因素激励高校辅导员积极参与职业能力培养。但总的来说，在对高校辅导员职业能力培养进行激励时要坚持以内在激励为主，外在激励为辅。这是因为：尊重、信任、归属感、认同感、成就感等是激励高校辅导员参与职业能力培养的内在动力，而提高工资、改善生活条件、监督管理等外在因素是激励高校辅导员参与职业能力培养的外部条件，虽然能为高校辅导员职业能力培养提供物质保障，但这些外在激励要通过内在激励才能充分发挥作用。因此，只有将内在激励和外在激励相结合并坚持以内在激励为主，才能充分发挥激励机制的整体效应。

2.综合运用多种激励方式

建立健全高校辅导员职业能力培养激励机制要综合运用多种激励方式。

第一,目标激励。目标激励是指通过设置科学、合理的目标以加强高校辅导员职业能力培养。高校辅导员职业能力培养有明确的目的性。目标激励能为高校辅导员职业能力培养指明发展方向,促使高校辅导员职业能力培养沿着正确的轨道健康发展。因此,高校辅导员职业能力培养要设置科学、合理的目标,激发高校辅导员对职业能力培养的兴趣。由于目标有不同内容,也有不同层次,因此,在对高校辅导员职业能力培养进行目标激励时,要善于根据激励对象的实际情况设置培养目标。此外,还要注意目标实现方式的有效性和目标实现的可能性等。

第二,制度激励。制度激励是指通过制定和完善制度以加强高校辅导员职业能力培养。制度是高校辅导员职业能力培养的依据和保障。制度激励能为高校辅导员职业能力培养营造良好的制度氛围,使高校辅导员职业能力培养有章可循。对高校辅导员职业能力培养进行制度激励时,要重视领导体制和管理机制的完善,明确高校辅导员职业能力培养的领导责任和管理关系。

第三,竞争激励。竞争激励是指营造竞争氛围以加强高校辅导员职业能力培养。高校辅导员职业能力培养在各地方、各高校、各院系的发展具有不平衡性。在竞争日益激烈的现实社会,高校辅导员职业能力培养采用竞争激励,有利于激发动力,鼓励先进。高校辅导员职业能力培养采用竞争激励,要以正确的思想为指导,引导竞争者明确竞争目的,按统一的标准和要求进行,既鼓励竞争者争取优胜,又提倡竞争者团结友爱。

五、优化高校辅导员职业能力培养环境

高校辅导员职业能力培养总是在一定的环境影响下进行。优良的培养环境能激发高校辅导员从业、敬业、乐业,从而自觉提升职业能力。当前,全社会高度认同、大力支持高校辅导员职业能力培养的优良环境尚未形成。

因此，加强高校辅导员职业能力培养必须优化培养环境。

（一）创造良好的制度环境

创造良好的制度环境，保证高校辅导员工作有条件、干事有平台、待遇有保障、发展有空间①。只有这样，才能吸引优秀人才加入高校辅导员队伍，使其潜心从事大学生思想政治工作。

1.完善高校辅导员职业能力培养制度

建设一支业务能力过硬的高校辅导员队伍，需完善相关制度，使高校辅导员职业能力培养有制度可依。自高校辅导员制度建立以来，国家制定了一系列制度加强高校辅导员职业能力培养。这些制度的出台，进一步说明了高校辅导员职业能力培养的重要性和紧迫性，健全了领导体制和管理机制，对高校辅导员职业能力的提升起到了重要的推动作用。但是，在新的历史条件下，高校辅导员职业能力培养出现了一些前所未有的新情况。要有效解决这些新情况，需紧跟时代发展和社会进步，紧扣高校辅导员职业能力培养的主要矛盾和突出问题，完善高校辅导员职业能力培养制度。完善高校辅导员职业能力培养制度可从以下层面入手：其一，国家层面。国家加强顶层设计，为地方和高校提供政策导向；其二，地方层面。地方教育主管部门不仅要贯彻落实国家关于高校辅导员职业能力培养的制度，而且要结合本地高校实际完善高校辅导员职业能力培养制度；其三，高校层面。高校应根据本校大学生思想政治工作需要和高校辅导员职业能力现状，制定现实针对性较强的培养制度。

2.落实高校辅导员职业能力培养制度

近年来，国家、地方和高校制定了一系列制度加强高校辅导员职业能力培养。现在的关键是狠抓制度落实，确保高校辅导员职业能力培养制度在实践中得到贯彻。为了确保高校辅导员职业能力培养制度的落实，国家有关部门应将制度落实情况作为高校本科教学质量评估的重要依据，地方教育主管部门应将制度落实情况作为高校办学质量和党政领导业绩考核的重

①《普通高等学校辅导员队伍建设规定》，http://old.moe.gov.cn/publicfiles/business/htmlfiles/moe/moe—621/201001/xxgk_81843.html，访问日期：2019 年 2 月 26 日。

要内容。高校在落实国家和地方关于高校辅导员职业能力培养的制度时，应结合本校实际制定相应的落实制度的措施。在落实高校辅导员职业能力培养制度的过程中，各级部门应加强检查监督，若发现制度与实践不相符合的地方，要及时调整，以保证高校辅导员职业能力培养活动的顺利进行。

（二）营造积极的舆论环境

加强高校辅导员职业能力培养，需营造积极的舆论环境。高校辅导员职业能力培养舆论环境的营造可从以下方面入手。

1.引导人们认同和支持高校辅导员职业能力培养

社会的认同和支持能为高校辅导员职业能力培养营造积极的舆论环境，激发高校或辅导员积极参与职业能力培养。当前，社会各界对高校辅导员职业能力培养的认同度不高、支持力不大。究其原因，主要是因为没有正确认识和充分尊重高校辅导员的劳动和付出。当前社会，要引导人们认识到高校辅导员是大学生日常思想政治教育与管理工作的组织者、实施者和协调者。他们的任务主要是通过深入细致的思想政治工作，引导大学生提高思想政治道德素质，促使大学生思想政治道德素质、科学文化素质和心理健康素质全面协调发展。高校辅导员的劳动是一种特殊性质的劳动，它不像专业课教师传授专业知识那样，会在较短时间内见效，高校辅导员的劳动具有潜在性、周期性和间接性等特点。再者，战斗在大学生日常思想政治教育与管理工作第一线的高校辅导员，工作任务繁重、工作内容琐碎、工作空间跨度大、工作时间长，他们的劳动是奉献性的而不是商业性的。只有当社会各界正确认识和充分尊重高校辅导员的劳动，大力营造积极认同、着力支持高校辅导员职业能力培养的舆论氛围，广大高校辅导员才能在教书育人岗位上有幸福感、事业上有成就感、社会上有荣誉感①。

2.宣传职业能力过硬的高校辅导员典型

榜样的力量是无穷的。宣传职业能力过硬的高校辅导员典型不仅能增进社会对高校辅导员职业能力培养的认同和支持，还能鼓励先进典型创造

---

①《中共中央 国务院关于全面深化新时代教师队伍建设改革的意见》，http://www.moe.gov.cn/jyb_xwfb/s5147/201902/t20190218_369830.html，访问日期：2019 年 2 月 26 日。

性地将成功经验与实际工作结合起来,在工作实践中提升职业能力。此外,先进典型的群际效应还能激发其他高校辅导员积极提升职业能力。目前,我国高校辅导员队伍中竞相涌现出了一批业务能力过硬的先进典型,他们为改革开放和社会主义现代化建设培养了一批批合格建设者和可靠接班人。要利用报刊、电视、电台、网络等传媒手段大力宣传这些职业能力过硬的高校辅导员典型,以此增加社会对高校辅导员职业能力培养的认同和支持,营造高校辅导员职业能力培养的良好氛围。宣传职业能力过硬的高校辅导员典型时,首先要深入大学生思想政治教育实践,挖掘职业能力过硬的高校辅导员典型。挖掘典型时,务必做到真实可靠,切忌弄虚作假。在此基础上,要充分利用新闻、文艺、出版等途径推广职业能力过硬的高校辅导员典型,大力宣传他们的先进事迹,力求在全社会产生广泛影响,引起普遍关注。推广高校辅导员典型时,务必做到实事求是,切忌浮夸。此外,还应加强对高校辅导员典型的教育,戒骄戒躁、严格要求,不断进步①。

(三)创设良好的工作环境

工作单位培养是高校辅导员职业能力培养的重要途径之一。因此,工作单位的环境不仅影响着高校辅导员工作的效率,还影响着高校辅导员职业能力培养的效果。加强高校辅导员职业能力培养,要创设良好的工作环境。

1.改善高校辅导员的工作条件

高校辅导员职业能力培养的顺利开展需要一定的工作条件,如宽敞明亮的办公场所、先进的办公设施、充足的办公经费等。缺乏必要的工作条件,高校辅导员将难以在工作实践中施展才干,更谈不上在工作实践中提升职业能力。改善高校辅导员的工作条件可从以下几个方面入手:第一,提供宽敞明亮的办公场所。办公场所是高校辅导员发挥职业能力的地方。改善高校辅导员的工作条件,需要为其提供宽敞、整洁、明亮的办公场所。第二,提供现代化的办公设施。办公设施是高校辅导员开展工作的设备,能为高校辅导员职业能力的发挥和培养提供物质保障。第三,提供充足的办公经

①郑永廷主编《思想政治教育方法论》,高等教育出版社,2010,第153页。

费。办公经费能为高校辅导员开展工作、提升职业能力提供资金保障。改善高校辅导员的工作条件，需要为其提供充足的办公经费，并将其作为学校基础建设的内容之一，保证专款专用。

2.创设良好的工作关系

良好的工作关系不仅有利于高校辅导员在轻松、愉悦、和谐的工作氛围中发挥职业能力，而且有利于高校辅导员提升职业能力。创设良好的工作关系可从以下方面入手：第一，与上级领导建立和谐的人际关系。领导的重视和支持是高校辅导员职业能力培养的组织保障。加强高校辅导员职业能力培养，需要取得上级领导的支持。第二，与同事建立和谐的人际关系。大学生思想政治教育是一项系统工程，全校教职工都负有思想政治教育职责，都应守好一段渠，种好责任田。高校辅导员要卓有成效地开展工作，在工作实践中发挥和培养职业能力，需要与同事建立和谐的人际关系，积极创设互爱、互助的同事关系。第三，与学生建立和谐的人际关系。大学生思想政治教育是一个教学相长的过程。高校辅导员提升职业能力，需要与学生建立和谐的人际关系，积极创设辅导员关心、关爱学生，学生理解、支持辅导员的互动式师生关系。

结 语

高校辅导员职业能力培养研究伴随着大学生思想政治教育实践的发展而发展。现有研究不仅积累了丰富的理论成果,也推动了大学生思想政治教育实践的发展。国际国内的新形势、高校改革发展稳定的新任务、大学生思想现状和发展期待的新变化对高校辅导员职业能力提出了新的更高的要求。本书立足已有研究成果,将理论与实践、历史与现实相结合,系统研究高校辅导员职业能力培养,主要结论如下:

第一,本书阐释了高校辅导员职业能力培养的内涵、类型、特点及高校辅导员职业能力的主要构成要素。这一研究结果揭示了高校辅导员职业能力培养的内在本质,为全书研究奠定了理论基石。

第二,本书循着我国高校辅导员制度的演变过程,梳理出不同历史时期高校辅导员职业能力培养的表现及特点。着重考察了美国、英国、德国等国高校的学生事务管理者职业能力培养的发展历程,提炼了共性特征。通过对我国高校辅导员职业能力培养的纵向比较、我国高校辅导员职业能力培养与国外高校学生事务管理者职业能力培养的横向比较,总结经验以指导今天的实践活动。

第三,本书剖析了高校辅导员职业能力培养现状。结果表明,近年来,部分地方和高校积极采取措施加强高校辅导员职业能力培养,取得了初步成效,积累了宝贵经验。但从总体上看,高校辅导员职业能力培养还不能满足新时代加强和改进大学生思想政治教育的现实需要,仍存在一些突出问题亟待解决。

第四,本书提出了加强高校辅导员职业能力培养的对策。本书立足历史和现实,从坚持培养的专业化职业化导向、增强培养内容的针对性、充分发挥培养途径的作用、完善培养机制、优化培养环境等方面有针对性地提出了加强高校辅导员职业能力培养的对策，具有一定的现实意义。

当然，高校辅导员职业能力培养研究是一项系统工程，也是一项长期任务。本书只是对高校辅导员职业能力培养进行了一些有意义的探索，由于本人理论水平和研究视角的局限，研究还有许多不足之处，例如，高校辅导员职业能力要素建构、高校辅导员职业能力培养过程分析还需进一步深化，高校辅导员职业能力培养对策还需进一步完善。我们笃信，经过不懈努力，高校辅导员职业能力培养研究将会取得更为丰硕的成果，高校辅导员的职业能力也将在理论研究和实践探索中全面提升。

参考文献

一、经典著作

[1]马克思恩格斯选集(第1、2、3卷)[M].北京:人民出版社,1995.

[2]马克思恩格斯全集(第1卷)[M].北京:人民出版社,1995.

[3]马克思恩格斯全集(第21卷)[M].北京:人民出版社,2003.

[4]马克思恩格斯全集(第42卷)[M].北京:人民出版社,1979.

[5]马克思恩格斯全集(第49卷)[M].北京:人民出版社,1982.

[6]马克思恩格斯文集(第1卷)[M].北京:人民出版社,2009.

[7]列宁选集(第1、2卷)[M].北京:人民出版社,1995.

[8]毛泽东选集(第1卷)[M].北京:人民出版社,1991.

[9]毛泽东著作选读(下册)[M].北京:人民出版社,1986.

[10]邓小平文选(第3卷)[M].北京:人民出版社,1993.

[11]江泽民文选(第2卷)[M].北京:人民出版社,2006.

[12]胡锦涛文选(第2卷)[M].北京:人民出版社,2016.

[13]习近平谈治国理政(第1卷)[M].北京:外文出版社,2014.

[14]习近平谈治国理政(第2卷)[M].北京:外文出版社,2017.

二、重要文献

[1] 中共中央文献研究室.十二大以来重要文献选编(上)[C].北京:人民出社,1986.

[2]中共中央文献研究室.十六大以来重要文献选编(中)[C].北京:中央文献出版社,2006.

[3]中共中央文献研究室.十七大以来重要文献选编(上)[C].北京:中

央文献出版社，2009.

[4]中共中央文献研究室.十七大以来重要文献选编(中)[C].北京：中央文献出版社，2011.

[5]中共中央宣传部宣传教育局，教育部社会科学研究与思想政治工作司，共青团中央学校部.加强和改进大学生思想政治教育文件选编[C].北京：中国人民大学出版社，2005.

[6]教育部思想政治工作司.加强和改进大学生思想政治教育重要文献选编(1978—2008)[C].北京：中国人民大学出版社，2008.

[7]中共中央、国务院发出《关于进一步加强和改进大学生思想政治教育的意见》[N].人民日报，2004－10－15.

[8]习近平在北京师范大学考察时号召全国广大教师做党和人民满意的好教师[N].人民日报，2014－9－10.

[9]中共中央关于全面推进依法治国若干重大问题的决定[N].人民日报，2014－10－29.

[10]加强和改进新形势下高校宣传思想工作[N].人民日报，2015—1—20.

[11]习近平在全国高校思想政治工作会议上强调：把思想政治工作贯穿教育教学全过程 开创我国高等教育事业发展新局面[N].人民日报，2016－12－9.

[12]中共中央 国务院印发《关于加强和改进新形势下高校思想政治工作的意见》[N].人民日报，2017－2－28.

[13]决胜全面建成小康社会 夺取新时代中国特色社会主义伟大胜利——习近平代表第十八届中央委员会向大会作报告[N].人民日报，2017－10－19.

三、学术著作

[1]邱伟光，张耀灿.思想政治教育学原理[M].北京：高等教育出版社，1999.

[2]张耀灿，郑永廷，吴潜涛，骆郁廷等.现代思想政治教育学[M].北京：

人民出版社,2006.

[3]陈秉公.思想政治教育学原理[M].沈阳:辽宁人民出版社,2001.

[4]郑永廷.思想政治教育方法论[M].北京:高等教育出版社,2010.

[5]郑永廷.现代思想道德教育理论与方法[M].广州:广东高等教育出版社,2000.

[6]陈万柏,张耀灿.思想政治教育学原理[M].北京:高等教育出版社,2007.

[7]罗洪铁.思想政治教育学专题研究[M].重庆:西南师范大学出版社,1999.

[8]沈壮海.思想政治教育有效性研究[M].武汉:武汉大学出版社,2001.

[9]罗洪铁,周琪.思想政治教育学理论的形成和发展研究[M].北京:中国文史出版社,2014.

[10]石书臣.现代思想政治教育主导性研究[M].上海:学林出版社,2004.

[11]张彦.思想政治教育主体性研究[M].广州:广东人民出版社,2006.

[12]秦在东.思想政治教育管理论[M].武汉:湖北人民出版社,2003.

[13]吴东莞,沈国权.思想政治工作机制论[M].北京:军事科学出版社,2008.

[14]王茂胜.思想政治教育评价论[M].北京:中国社会科学出版社,2006.

[15]刘书林,陈立思.青年思想政治教育学原理[M].北京:中国青年出版社,1999.

[16]黄蓉生,邓卓明.青年思想政治教育专论[M].北京:中央文献出版社,2005.

[17]邓卓明.高校思想政治教育创新研究——以构建和谐校园为视角[M].北京:人民出版社,2009.

[18]黄蓉生,白显良,王华敏.改革开放30年大学生思想政治教育论[M].北京:中国社会科学出版社,2012.

[19]黄蓉生.大学生党团建设[M].北京:高等教育出版社,2013.

[20]李建平.大学生思想政治教育路径研究[M].北京:社会科学文献出版社,2009.

[21]中共北京市委研究室.新时期大学生思想政治教育研究[M].北京:北京师范大学出版社,1988.

[22]上海市高教局.高等学校学生思想政治教育[M].北京:教育科学出版社,1984.

[23]教育部思想政治工作司.《中共中央国务院关于进一步加强和改进大学生思想政治教育的意见》学习辅导读本[M].北京:中国人民大学出版社,2005.

[24]教育部思想政治工作司.《中共中央国务院关于进一步加强和改进大学生思想政治教育的意见》学习辅导百问[M].北京:中国人民大学出版社,2005.

[25]徐文良.难忘的历程——高等学校思想政治教育的回顾与思考[M].长春:吉林人民出版社,2008.

[26]彭庆红.失调与变革——高校学生思想政治工作队伍建设研究[M].北京:知识产权出版社,2004.

[27]翁铁慧.高校辅导员队伍建设论纲[M].北京:人民出版社,2014.

[28]冯刚.辅导员队伍专业化建设理论与实务[M].北京:中国人民大学出版社,2010.

[29]曲建武,姜德学,张伯威.高校辅导员队伍建设的理论与实践[M].大连:大连理工大学出版社,2008.

[30]张再兴等.高校辅导员队伍建设理论与实践[M].北京:人民出版社,2010.

[31]孙其昂.高校德育队伍建设的战略思考[M].徐州:中国矿业大学出版社,1996.

[32]陈立民.高校辅导员理论与实务[M].北京:中国言实出版社,2006.

[33]朱正昌.高校辅导员队伍建设研究[M].北京:人民出版社,2010.

[34]翁铁慧.高校辅导员职业生涯规划[M].北京:高等教育出版

社，2011.

[35]杨振斌.双肩挑50年——清华大学辅导员制度五十周年回顾与展望[M].北京：清华大学出版社，2003.

[36]张书明.高校辅导员队伍建设[M].济南：泰山出版社，2010.

[37]杨振斌，冯刚.高等学校辅导员培训教程[M].北京：高等教育出版社，2006.

[38]周家伦.高校辅导员：理论、务实与开拓[M].上海：同济大学出版社，2011.

[39]黄林芳.高校辅导员队伍建设机制论[M].上海：上海财经大学出版社，2009.

[40]唐家良.高校辅导员队伍专业化建设与成长[M].北京：现代教育出版社，2008.

[41]胡金波.高校辅导员职业化发展研究[M].苏州：苏州大学出版社，2010.

[42]丘进，卢黎歌.机制.创新.长效——高校辅导员队伍建设研究[M].西安：西安交通大学出版社，2012.

[43]黄晓波.学生工作专业化系统与辅导员核心能力构建[M].北京：北京师范大学出版社，2010.

[44]杜汇良，刘宏，薛微.新时期高校辅导员队伍专业化建设工作指导手册[M].北京：高等教育出版社，2011.

[45]张文辉.普通高等学校辅导员队伍建设规定贯彻实施与辅导员职能、培训、聘任及考核测评手册[M].北京：中国教育出版社，2006.

[46]张文强.高校政治辅导员职业化研究[M].开封：河南大学出版社，2007.

[47]徐松巍.高等学校辅导员队伍建设与新时期学生工作管理百科全书.[M].北京：中国科技文化出版社，2006.

[48]郑永廷.人的现代化理论与实践[M].北京：人民出版社，2006.

[49]邓卓明.社会思潮专题研究[M].北京：中国社会科学出版社，2012.

[50]罗洪铁，周琪.人才学原理[M].北京：人民出版社，2013.

[51]孟东方.高校德育新论[M].北京:中国文史出版社,2004.

[52]林泰.大学德育新探——社会主义市场经济与高校思想政治工作研究[M].北京:清华大学出版社,1997.

[53]韩庆祥.能力本位[M].北京:中国发展出版社,1999.

[54]罗树华,李洪珍.教师能力学[M].济南:山东教育出版社,2000.

[55]鲁洁,王逢贤.德育新论[M].南京:江苏教育出版社,2002.

[56]班华.现代德育论[M].合肥:安徽人民出版社,2005.

[57] [法]爱弥儿·涂尔干.道德教育[M].陈光金,沈杰,朱谐汉,译.上海:上海人民出版社,2006.

[58][英]约翰·威尔逊.道德教育新论[M].蒋一之,译.杭州:浙江教育出版社,2003.

[59] [美]霍尔,戴维斯.道德教育的理论与实践[M].陆有铨,魏贤超,译.杭州:浙江教育出版社,2003.

四、学术论文

[1]邱伟光.提高育人能力是辅导员队伍建设的关键[J].思想理论教育,2005(5).

[2]黄蓉生.加强高校领导班子执政能力建设的几点思考[J].西南师范大学学报,2005(4).

[3]曲建武,吴云志.高校辅导员素质与能力建设问题研究综述[J].高校理论战线,2006(4).

[4]周济.提高认识 科学定位 扎实推进高校辅导员队伍建设再上新台阶[J].思想理论教育导刊,2009(11).

[5]张彦.加强辅导员能力建设论析[J].学校党建与思想教育,2012(16).

[6]李卫红.抓住根本 立德树人 切实把高校辅导员队伍建设提高到一个新的水平[J].思想理论教育导刊,2007(11).

[7]王培君.专业化视阈下的高校辅导员能力开发[J].江苏高教,2009(3).

[8]周琪.高校辅导员专业化发展研究述评[J].学校党建与思想教育,2008(8).

[9]叶辉玲,李海榕.高校学生辅导员创新能力的培养与探索[J].思想教育研究,2002(8).

[10]李伟东.论高校辅导员能力发展的价值定位、结构及其优化[J].思想理论教育导刊,2010(3).

[11]李敏,李莉.新形势下加强高校辅导员队伍建设问题与对策分析[J].学校党建与思想教育,2010(10).

[12]吴云志,曲建武.高校辅导员素质与能力建设对策研究[J].高校理论战线,2008(1).

[13]徐仲伟,闵绪国.以和谐网络促进和谐校园建设[J].思想理论教育导刊,2013(2).

[14]李永山.美国高校学生事务队伍专业化发展及其启示[J].思想教育研究,2009(4).

[15]彭庆红.高校辅导员素质结构模型的构建[J].清华大学教育研究,2006(3).

[16]魏小鹏.着力推进高校辅导员队伍专业化职业化建设　努力提高辅导员工作科学化水平[J].思想教育研究,2010(6).

[17]魏炜,赵云慧.专业化要求下高校辅导员职业素质提升的途径[J].思想教育研究,2012(3).

[18]熊晓梅,徐峰,李晓璐.新时期辅导员能力培养探析[J].学校党建与思想教育,2009(34).

[19]张宏如,陈奎庆.高校辅导员的职业嬗变历程及职业能力构成体系分析[J].学校党建与思想教育,2010(23).

[20]韩冬,毕新华.高校辅导员职业能力的形成与提升[J].思想理论教育导刊,2011(11).

[21]高玖伟.论高校辅导员职业化进程中的职业能力开发[J].学校党建与思想教育,2009(26).

[22]黑龙江省教育厅学生处.重视高校辅导员队伍建设 加强和改进大

学生思想政治教育工作[J].思想教育研究,2011(3).

[23]杨建义.辅导员职业能力状况与专业化发展——基于就业能力模型的分析[J].思想理论教育,2014(3).

[24]秦涛,曹光远.高校辅导员队伍建设现状调研——以北京科技大学为例[J].思想教育研究,2009(6).

[25]张杰,王庚.论高校辅导员职业发展能力的培养[J].思想理论教育导刊,2009(8).

[26]吴琼.论高校辅导员学生管理能力提升的策略[J].学校党建与思想教育,2010(26).

[27]黄小铭.高校辅导员职业能力培养研究[J].教育探索,2013(7).

[28]王敏幸.新时期高校辅导员职业能力培养的路径选择[J].理论导刊,2009(12).

[29]白永生,耿俊茂.执行力和领导力:高校辅导员能力开发的核心[J].学校党建与思想教育,2012(13).

[30]邹海贵,彭仲生.试论高校辅导员心理教育能力的培养[J].学校党建与思想教育,2004(4).

[31]湛风涛.高校辅导员职业能力建设探析[J].思想理论教育导刊,2012(12).

[32]杨文坤.科学发展观视域下高校辅导员专业能力提高的实现路径[J].学校党建与思想教育,2010(2).

[33]胡沐辉.关于新时期高校辅导员素质的思考[J].学校党建与思想教育,2005(11).

[34]刘颖,黄国辉,程建伟.基于素质银行的高校辅导员职业能力模型创新研究[J].学校党建与思想教育,2014(24).

[35]夏科家.着力建设一支高素质的辅导员队伍[J].学校党建与思想教育,2006(1).

[36]李志强,王宏翔.论高校辅导员的素质建设[J].学校党建与思想教育,2011(7).

[37]夏晓虹.从英国导师制看我国高校辅导员队伍建设[J].思想教育研

究,2008(1).

[38]马小红.高校辅导员职业能力提升的困境及对策[J].学校党建与思想教育,2014(14).

[39]卢吉超.辅导员队伍专业化建设路径探析——以辅导员职业能力标准为视角[J].思想理论教育,2014(11).

[40]董秀娜.高校辅导员职业标准体系构建研究[J].教育探索,2012(11).

[41]李琳.高校辅导员职业能力提升的三个着力点[J].思想理论教育导刊,2015(3).

[42]郑德前.高校辅导员素质能力现状调查分析[J].学校党建与思想教育,2016(9).

[43]林伟毅.高校辅导员职业能力的现状及提升路径[J].思想理论教育导刊,2017(1).

[44]杨怡斐,张建功.新时期高校辅导员职业能力困境及提升研究[J].高校辅导员,2017(5).

[45]张明志,姜土生.学科视域下的高校辅导员职业能力提升路径探究[J].高校辅导员,2015(4).

[46]胥海军,敬再平.《高等学校辅导员职业能力标准(试行)》实施路径探索与创新[J].学校党建与思想教育,2017(2).

[47]吴健,丁德智.基于能力素质模型的高校辅导员职业能力建设规律研究[J].学校党建与思想教育,2016(15).

[48]国务院学位委员会“马克思主义理论一级学科建设和人才培养方案研究”课题组.马克思主义理论学科建设调研报告[J].思想理论教育,2007(5).

[49]周琪.关于思想政治教育比较研究的思考[J].思想教育研究,2007(10).

[50]沈壮海,肖洋. 2016 年度大学生思想政治状况调查分析[J].思想理论教育导刊,2017(1).

五、学位论文

[1]靳玉军.高校辅导员素质开发研究[D].重庆:西南大学,2008.

[2]朱红春.职业化背景下高校辅导员能力发展研究[D].天津:天津大学,2010.

[3]龚春蕾.高校辅导员职业化专业化问题研究[D].上海:华东师范大学,2011.

[4]李晓娟.高校辅导员工作学基本问题研究[D].重庆:西南大学,2012.

[5]陈正芬.我国高校辅导员制度研究[D].重庆:西南大学,2013.

[6]李永山.美国大学学生事务管理人员职业发展过程及启示研究[D].合肥:合肥工业大学,2013.

[7]颜萌.高校辅导员职业能力培养研究[D].青岛:青岛大学,2017.

[8]赵海丰.高校辅导员制度的演进与发展趋势研究[D].沈阳:辽宁大学,2014.

[9]杜娟.高校辅导员职业行为能力现状分析对策研究[D].重庆:西南大学,2008.

[10]颜颜.新时期高校辅导员素质培养研究[D].重庆:西南大学,2009.

[11]李汉烨.高校辅导员职业能力提升研究[D].济南:山东大学,2012.

[12]杨进学.基于胜任力模型的独立学院辅导员能力建设研究[D].武汉:华中师范大学,2012.

[13]丁海宾.高校辅导员队伍存在的问题及对策论析[D].长春:东北师范大学,2011.

[14]王姿琰.民办高校辅导员队伍建设研究[D].湖南:湖南大学,2010.

[15]程琳.我国高校辅导员队伍建设有效性研究[D].上海:复旦大学,2009.

后 记

从18岁踏入大学校门，我就和思想政治教育专业结下了不解之缘。从本科的政教专业到硕士研究生的马克思主义理论与思想政治教育专业再到博士研究生的思想政治教育专业，在伴随和见证思想政治教育学科的发展壮大中，我在求学道路上不断前行。本书立足于我的博士学位论文，融入新的理论知识和实践探索，经反复修改而成。

今天，书稿终于顺利完成，我的心中全是感激之情。首先要感谢我的博士研究生导师邓卓明教授。恩师具有渊博的理论知识、独特的学术视野、严谨的治学态度、高尚的人格魅力，不仅是我学习的楷模，更是我前行的动力。书稿撰写和修改期间，老师给予了我悉心指导和倾力关怀。每次看到修改稿上老师的精心批注，我心存感谢的同时也由衷钦佩老师严谨的治学态度。感谢师母任一明教授对我学习的鼓励、生活的关心。

感谢我的硕士研究生导师罗洪铁教授，是他的鼓励才让我有了勇攀知识高峰的勇气，缙云精神将永记我心。感谢指导我为人为学为事的黄蓉生教授、周勇教授、徐仲伟教授、崔延强教授和陈跃教授。

感谢工作单位的领导和同事对我的理解和支持。感谢与我相互勉励、共同进步的同学和朋友，忘不了你们对我的鼓励和帮助。

最后，真诚感谢我的父母，他们承担了本该由我承担的几乎所有家务，使我能心无旁骛地投入到学习研究中。感谢先生王刚，你的理解、鼓励和支持给予了我无穷动力。感谢女儿佩渝，共同进步的约定总能在我身处困惑、迷茫时鼓励我努力前行。

本书在撰写过程中，借鉴了学界许多专家学者的理论成果，在此致以真诚的谢意。书籍出版过程中，西南师范大学出版社给予了大力支持和帮助，在此，也致以衷心感谢。由于本人理论水平有限，书中不妥不当之处恳请大家批评指正。

“路曼曼其修远兮，吾将上下而求索。”我坚信，在学术高峰的攀登中，只有做到“活到老，学到老”，才能看到无限风光。

费萍

2019 年 1 月